知記優品

舊日文化｜式微行業｜逝去街道｜不可忘懷的生活片段！

重溫香港的舊昔逸事，向值得我們驕傲的人和事致敬！

香港集體回憶

重溫舊日趣聞逸事

從衣食住行，回顧昔日的傳統文化、
逐漸消失的職人手藝及景點，

不可錯過的老香港生活趣聞！

舊日文化 X 式微行業 X 逝去街道 X 港昔情懷

撫今追昔，拾取城市記憶的碎片，

一起重溫老香港的舊日足迹。

//////////

目次

Contents

//////////

Part 01
老香港的文化

Part 02
式微行業

//////////

目次

Contents

//////////

Part 03
消失的街道

//////////

目次

Contents

//////////

Part 04
一去不返的香港情懷

香港集體回憶

重溫舊日趣聞逸事

作者
講故王

出版
超記出版社（超媒體出版有限公司）

地址
荃灣柴灣角街 34-36 號萬達來工業中心
21 樓 02 室

電話
(852）3596 4296

電郵
info@easy-publish.org

網址
http：//www.easy-publish.org

香港總經銷
聯合新零售（香港）有限公司

上架建議
地理旅遊

ISBN
978-988-8806-34-8

定價
HK$78

Printed and Published in Hong Kong

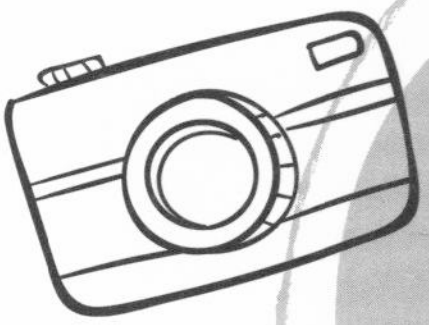

Part 01
老香港的文化

本土傳統歷史文化是香港難能可貴的資產和財富，在這些傳統文化消失之前，請好好珍惜。

109 likes

「史釗域道 6 號」是其中一款直角轉角唐樓

戰前唐樓拆無赦？

唐樓，不是替唐朝興建的大樓，而是指「華人商住樓宇」，即地下有商舖，樓上則為住宅，最多為 4 層。唐樓早在 19 世紀中後期開始在香港出現，當時除了寮屋居民之外，大部分香港市民均住在唐樓。依照今日的建築物條例，行人路上方面積不容興建。但戰前唐樓有騎樓，以六根樓柱支撐，豎立於行人路上，形成迴廊，是戰前唐樓獨一無二的風格。

雖然獨一無二的，但難逃被消失的厄運！

自上世紀 80 年代起，香港人口急速增長，大量戰前唐樓被急速清拆，由公共房屋和高層私人樓宇所取代。直至它們陸續被拆得一乾二淨時，社會大眾才開始覺得它們重要。不過，大部分唐樓的業權屬於私人業主和發展商，即使獲得歷史評級，仍敵不過被夷平的下場。

現在就讓我們好好欣賞一下這些戰前唐樓吧！

戰前唐樓主要有兩款設計，分別是：

1.「普通單幢式唐樓」

2.「轉角唐樓」，即在兩個街口夾角位建起的樓宇。「轉角唐樓」分兩種：直角轉角唐樓和弧形轉角唐樓。

▲ 深水埗青山道 301 及 303 號是弧形轉角唐樓。它凸出來的騎樓以六根樓柱支撐，豎立於行人路上，形成迴廊。這是戰前唐樓獨有。弧形轉角設計使騎樓從一邊連貫轉去另一邊，令它的轉角部份都可被使用。

▲ 樓梯已被圍封，筆者無法上去探險。

目前「直角轉角唐樓」有六棟：

· 史釗域道 6 號
· 德輔道西 207 號
· 皇后大道西 1 號（獲評為三級歷史建築）
· 彌敦道 190 號（獲評為三級歷史建築）
· 廣東道 578 號
· 北河街 58 號

至於屬於「弧形轉角的唐樓」，現存有三棟：

· 雷生春（獲評為一級歷史建築）
· 汝洲街 271 號（獲評為三級歷史建築）
· 青山道 301 及 303 號（獲建議評為二級歷史建築）

雷生春屬一級歷史建築，復修後大致保留原貌，但其餘兩座弧形轉角的唐樓，業主已向屋宇署提交拆卸申請，相信難逃被拆的命運。

趣味知識

大家在網上瀏覽過一些保育新聞時，應該聽過「法定古蹟」、「一級／二級／三級歷史建築」這些名字。

「法定古蹟」指的是受到香港法例保護的建築物以及地方，例如是城門水塘的紀念碑、三棟屋、李鄭屋古墓等等。一旦被評為法定古蹟，任何人士均不得進行拆卸、改動或建築等的工程，違者將被起訴。

但如果只被評級（一級／二級／三級歷史建築），建築物是否被清拆，決定權就在業主和發展商手上。

例如：有八十年歷史、被評為三級歷史建築物的「灣仔同德大押」，是港島唯一一幢「弧形唐樓」，雖然被評為三級歷史建築物，最終都難逃清拆的命運，業主 2013 年申請拆卸重建為商廈，並獲屋宇署批准。

「雷生春」算是絕無僅有的幸運例子。2000 年，雷亮的後人向古物古蹟辦事處提出將「雷生春」捐贈給港府，古物諮詢委員會同年將雷生春列為一級歷史建築物。2003 年 10 月 7 日，港府正式接收「雷生春」，「雷生春」僥倖逃過被拆的命運。

219 likes

屯馬線開通後，觀賞「宋皇臺」石碑就更方便快捷。

宋皇臺站的考古大發現

屯馬開通真的很興奮！興奮之處是駁通西鐵線與屯馬線，貫通新界東、九龍以至新界西北，令許多歷史景點變成近在眼前，其中包括「宋皇臺」。

坊間一直流傳，南宋兩個小皇帝曾逃亡到九龍城一帶生活，後人在大石刻上「宋王臺」紀念。除有皇帝落難的「傳說」，港鐵在建造「宋皇臺站」期間，曾在工地出土逾 70 萬件文物碎片，反映出香港很早已擔當著對外貿易的角色；而出土的精緻茶具中，可窺探出宋朝時香港文人雅士的生活片段。

在港鐵站陳列考古文物是新嘗試，大家到「宋皇臺站」的大堂，可欣賞很多珍貴的出土文物，種類包括香爐、龍泉窰系青瓷、福建窰系青釉瓷等，還有宋代貨幣、宋元時期建築建構部件等。展覽亦有介紹「宋皇臺」的歷史及出土文物的特色。

從今次出土的文物中，考古學家找到不少產自福建、浙江、江西的瓷器，反映貨品在附近地方生產完成後，會集中送到香港，然後分銷到其他地方。其中一對元代八卦紋青瓷香爐，狀態較完整，是展覽的焦點之一。香爐是以浙江龍泉窰的青瓷製成，有別以往粗糙物料。據說，龍泉窰是宋元時期中國著名的青瓷產品，不少外銷物品都與龍泉窰有關，可見香港早在不同朝代已擔當著外銷的角色。

▲ 興建宋皇臺站時，意外發掘出大量宋元茶具，從而得知本港在宋朝時期文人雅士的生活習慣。

▲ 興建宋皇臺站時，考古發現的古物：元代八卦紋青瓷香爐。也有出自景德鎮窑的印花卉紋青白釉碗。

109 likes
我們要跟麥當勞叔叔說再見了！

即將落幕的麥當勞叔叔

在麥當勞搞生日會，麥當勞叔叔一起陪你過生日，是不少七、八十後的快樂回憶。但為配合最新形象的餐廳風格，各分店的翻新工程已陸續展開，曾陪伴大家成長的麥當勞叔叔和一眾角色，將隨着餐廳裝修而退出舞台。

原來的麥當勞餐廳風格是招牌為紅底黃字，有別於現時的黑底黃字；

地板為經典的木紋階磚，還有白色假天花；

牆壁則以簡約的暖色系為主，通常掛了一些畫作，其中以麥當勞叔叔及一眾角色包括滑嘟嘟、小飛象和漢堡神偷的油畫特別醒目。

以前有些分店更擺設了麥當勞叔叔塑像，有些是坐著的姿勢，有些則為站立的姿勢，均設於餐廳近正門的位置，舉著右手向進入餐廳的大小朋友打招呼。

▲ 以前麥當勞部分分店的牆壁會掛有麥當勞叔叔和一眾角色的大家庭合照

▲ 有些分店的掛畫更精彩，麥當勞叔叔會騎着馬和一眾角色回到中古世紀的歐洲農莊，眾人笑看着漢堡神偷掉在水中的滑稽模樣。

餐牌上的花碼字

看看上圖，若有沒有英文字的輔助，大家看得懂那些是甚麼數字？

大家看得懂上面各價錢牌的銀碼嗎？在舊日的香港，小巴牌、酒樓、茶餐廳、街市或中藥房等的價錢牌均以「花碼字」寫成。到七十年代，香港輸入外傭，因外傭看不懂花碼字，對她們購物及乘車帶來不便，結果街市、餐廳和交通工具的價錢牌便陸續改為大家現金熟悉的阿拉伯數字。

如果大家看不明上圖的「花碼字」銀碼，以下為大家開估。「花碼字」分兩行，上一行寫是數字，下一行是單位，如下一行是「元」，即上一行的第一個數字為個位數。例如〤〥下方是「元」，即是 4.5 元；若下方寫的是「十元」，便會是 45 元。

前文已教大家如何讀花碼，就是從上至下看，例如第一行為「〡〥〧」，下方第二行為百元，即是 157 元，如果下方為十元，即是 15.7 元。以下馬上考考大家：

據說，「花碼字」是由古代的「算籌」演變而來，最早時期人類通過一個蘋果、一頭羊等來理解數字「一、二、三……」這些數學概念。每個人都有一雙手，可以用作簡單的計算工具。之後隨著人們的生活不斷發展，兩隻手已不夠用，這就促成其他計算工具的出現，例如「算籌」。

「算籌」是由一根根小棍子組成，一般每根小棍子長為 13 到 14cm，粗約 0.2-0.3cm 左右。古人會把「算籌」放在一個布袋裡，繫在腰部隨身攜帶。需要記數和計算的時候，就把它們取出來，放在桌上、炕上或地上擺弄。

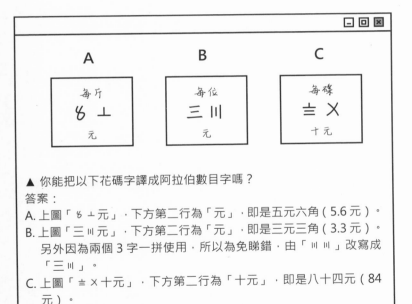

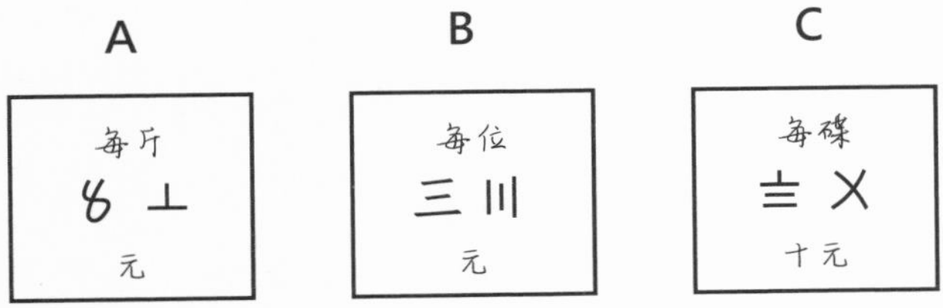

▲ 你能把以下花碼字譯成阿拉伯數目字嗎？

答案：

A. 上圖「〥〦元」，下方第二行為「元」，即是五元六角（5.6 元）。

B. 上圖「三〣元」，下方第二行為「元」，即是三元三角（3.3 元）。另外因為兩個 3 字一拼使用，所以為免睇錯，由「〣〣」改寫成「三〣」。

C. 上圖「〨〤十元」，下方第二行為「十元」，即是八十四元（84 元）。

109 likes

每值中秋，大澳漫天花燈。

大澳的漫天花燈

大澳漁村擁有百年歷史，特色土產、棚屋、殖民建築的保貌保留了純樸的漁村風貌。到了每年的中秋節，大澳漁村漫天花燈，是全港獨有的風光。

大澳花燈節由民間組織「大澳非茂里」主辦，從 2018 年起，每年中秋，大澳各大街的夜空都會掛滿花燈，這些手繪紙燈籠是由一班大澳原居民及遊客從八月開始手繪製作，

▲ 大澳居民熱愛環保，喜歡利用飲完即棄的汽水罐製成燈籠，掛在屋前做裝飾。

每個燈籠上畫了圖畫之外，還有繪畫人寫上的心願。中秋節晚上各個燈籠會亮燈，亮光在漁村內形成一片花燈海。

每年的大澳花燈都吸引大量遊客，但遊客們一般只專注於欣賞那美麗的風景，很少會了解辦花燈節四年來背後遇到的阻礙和辛酸。現在就由筆者細訴過去四年的經歷：

2018 年：山竹的考驗

首辦花燈節的時間是 2018 年，當時超強颱風「山竹」吹襲大澳後，把花燈全數吹倒，居民要合力重新掛起燈籠，讓首屆花燈節不致告吹。

2019 年：花燈伴龍舟

在大澳碼頭首辦第一屆小龍錦標賽，首次為大澳引入了十二條龍舟同場較量的公開邀請賽，花燈伴龍舟，編織出一個美麗的社區景象。

2020 年 ：當花燈遇上疫情

2020 年，花燈節遇上世紀疫情，花燈節的參與者不能像以往一樣相聚一起手繪燈籠，唯有各自留在家畫燈籠，完成後再送往大澳。

2021 年：首次熄燈

中秋節前夕遊人已逼爆大涌橋，主辦單位擔心，若遊人過多，發生類似蘭桂坊的人踩人慘劇，或有遊人跌落海中，情況就不堪設想了。單位負責人最終決定——熄燈，在中秋節、中秋節翌日等日子不亮燈，還大澳一個寧靜的中秋節。

109 likes

這是現存唯一仍在運作的地下公廁

絕無僅有的地下公廁

公廁，除了臭和污糟外，還有甚麼好講？筆者本文要介紹的「威靈頓街公廁」建於 1913 年，是香港現存唯一一個仍在運作的地下公廁，絕對值得講一講！

話說，香港開埠初期，家家戶戶靠「倒夜香」來清理排泄物，衛生情況欠佳，導致瘟疫頻生，其中 1894 年的太平山街鼠疫，短短數個月內就奪去近三千人的寶貴性命。

改善環境衛生刻不容緩！有見及此，港府開始在中環區興建公共廁所，但在地面建公廁，會影響港府賣地收入，因此將公廁建於地底，其中位於「鴨巴甸街與士丹頓街交界」及「威靈頓街與皇后大道中交界」的地底公廁便相繼落成。不過，當時社會重男輕女，大部分公廁只設男廁，女士們人有三急就要自己解決了！

據香港古物古蹟辦事處資料顯示，1901 至 1942 年間，本港一共興建了 13 座公廁，其中有 6 座位於地底，主要集中在華人聚居的中上環一帶。

時至今日，大部分地底公廁已被填平，唯獨「威靈頓街與皇后大道中交界」的地底公廁經過翻新後繼續開放，而「鴨巴甸街與士丹頓街交界」的地底公廁，2011 年被列為二級歷史建築，目前已關閉。

▲ 上圖是鴨巴甸街與士丹頓街交界的地底公廁。勿睇小佢，呢個公廁 2011 年被列為二級歷史建築！

全球唯一的飛拱天台

109 likes

全球獨有的飛拱天台

目前，大部分戲院都位於商場內；能以單幢式設計，並獨立於城中一角，已買少見少！北角皇都戲院大廈（前身為「璇宮戲院」），1952 年建成，這是一座本港現存歷史最悠久的戲院，屬一級歷史建築。

話說，「璇宮戲院」於 1957 年結業易手，並於 1959 年改建為「皇都戲院」，後來於 1997 年關閉。這座戲院保留了世界上獨一無二的建築特色：就是呈拋物線形的巨型混凝土「飛拱」結構，別小看它，它是全球戲院建築中獨有！

這個「飛拱」開創先河，非常珍貴。1998 年香港導演陳果拍攝電影《去年煙花特別多》時，曾經安排演員在飛拱上邊走邊聊天，讓「飛拱」結構有機會登上大銀幕。

雖然建築設計與別不同，但能過逃過被拆的命運嗎？

幸好，2020 年，地產商「新世界發展」以底價 47.76 億元投得「皇都戲院大廈」，並承諾會盡力復修，並活化為藝術文化表演場所，又會將戲院天台的「飛拱」休憩空間，讓公眾人士觀賞及「打卡」。

提起戲院，以前人們在看電影前必定選購一兩包小食，在看戲時便可以過過口癮。當時戲院不會規限外來食物，所以戲院門外吸引了很多商販擺滿小食檔攤。但這種風味已不復再了。

1. 煨魷魚 //

煨魷魚，又可叫作燒魷魚，是在戲院門前最常見的小食。小販會用鐵網夾著乾魷魚，放在炭爐上慢慢煨，再塗上特製的燒烤汁，有辣和不辣可供選擇。小販更會將魷魚剪成小長條，方便看電影時吃。魷魚表面輕輕烤至微焦、帶點炭香，入口煙韌，非常惹味，魷魚香味縈繞整條街，實在令人難以抗拒！

2. 鹽焗蛋 //

鹽焗蛋也是很受歡迎的小食之一，因雞蛋既可以滿足口腹之慾，又有飽肚感，特別在冬天的時候，手裡抱着蛋更可以暖身。小販會將雞蛋放入炒過的粗鹽裡焗，雞蛋滲透着淡淡的鹽香味，吸引了不少人光顧。

3. 口立濕 //

「口立濕」是指經醃製的涼果，賣「口立濕」的車仔會有很多小格放着各種涼果，當中「鹹酸甜甘辣」五味俱全，種類亦多不勝數，有話梅、鹹柑橘、加應子和陳皮等。

隱沒在鬧市裡的大宅古蹟

廢棄大宅的昔日風光

港鐵元朗站博愛醫院旁邊有一間近 90 年歷史的傳統客家大宅潘屋，它已殘破不堪，雜草叢生，孤清地隱藏在鬧市裡。從殘破的外觀上，大家很難想像它曾經風光一時，國家政要和著名的文人雅士也入住過呢！

客家大宅潘屋建於1932年，建築佈局是模仿家鄉的「蔭華廬」，正門是一個廳堂，內進有另一個廳堂，兩側各有一排橫屋，每側有五間房間，廳堂為全宅的中軸，井井有條。即使其規模比在家鄉的細小很多，但整座大宅共有十六間房、六個廳堂和兩個內院，也是十分壯麗堂皇。

據歷史資料顯示，潘屋以青磚建成，牆壁及屋頂由花崗岩柱支撐。據說，建築材料來自廣州、佛山、汕頭等地方，建築成本共約六萬元，在上世紀四十年代來說，六萬元是一個天文的數字。

潘屋內的裝飾及壁畫，可展現出昔日大宅風光亮麗的一面。除了有一些傳統吉祥寓意的壁畫及雕塑外，正門兩側的樑上分別雕有一對木獅，牆上則掛有兩對陶獅，故「潘屋」又被稱為「獅子屋」。在屋內正廳內，牆壁繪有汽車及人力車的畫像；抬頭一看，屋頂的正樑寫有「百子千孫」和「如意吉祥」的字樣。正廳內還有桃花貼金的屏風。

▲ 潘家大宅長期乏人打理，已損毀嚴重！

可惜，潘宅長期欠缺保養，歷年來任由風吹雨打，屋內雜草叢生，四處滿布蜘蛛網，屋頂的木製橫樑嚴重破損，隨時有倒塌危機。上面提及的壁畫早已褪色到無法辨認。屋內正廳正樑原本寫有「百子千孫」的，同樣褪色至所剩無幾。原本手工精緻的四面桃花貼金屏風，現時僅剩下一扇；獅子像全部不翼而飛。

雖然潘家大宅已被評為一級歷史建築，但正面臨清拆危機。業主已提交申請，計劃拆卸建築物，並改建為 3 幢安老院。

大家下次再重臨潘家大宅，可能已人面全非了！

舊式茶樓 水滾茶靚

「史釗域道 6 號」是其中一款直角轉角唐樓

所謂「一盅兩件」，即是上茶樓「飲茶」。「一盅」是焗盅，或稱蓋杯，外形比茶杯稍大，裝了茶葉沖泡後剛好沖出一杯茶。舊式茶樓「夥計」(茶樓侍應)來回走動，拿著大水煲為茶客添水。「兩件」是指點心，在昔日的老香港，人們生活清苦，娛樂活動甚少，閒時能到茶樓「一盅兩件」，歎一輪報紙，打一陣牙骹，已是人間樂事。

以前的人對飲茶真的很講究，如果不是用焗盅來泡茶，就無法做到「水滾茶靚」。因為現今茶樓大多用茶壺沖好一大壺，在冷氣猛吹的酒樓瞬間變涼，涼了的茶有乜好飲？

從前茶樓內多個角落都置有炭爐，時刻都有大大個長嘴的銅水煲煲著水，後來銅水煲成本太貴，改用錦茶煲；炭爐亦轉為更方便的電爐，但重點依然是水滾。侍應會一眼關七，經常提起水煲為每個茶客的焗盅沖水。他們一手揭開焗盅的杯蓋，一手提起水煲，煲嘴對準焗盅沖水落去，邊沖邊拉起煲嘴，茶盅內的茶葉被水柱衝擊翻滾，據說茶味就是這樣沖出來的。

舊式茶樓敵不過疫情而倒閉

想親身見識舊式茶樓焗盅的「水滾茶靚」，越來越難。有百年中環老式茶樓「蓮香樓」，在 2022 年 8 月宣布，中環分店敵不過疫情的慘淡市況，要結束營業，盼望「姊妹店」上環蓮香居可以捱下去，延續老式茶樓的情懷。

▲ 希望上環蓮香居可以戰勝疫情，延續老式茶樓的情懷。

屏山鄧族保留了很多傳統習俗

煮山頭的食山頭

在郊野公園燒嘢食，大家一定試過；但帶埋大型爐具在山頭煮 200 人的餸菜，你又聽過未？

每年清明前 5 天及重陽前 5 天（即春秋二祭），屏山鄧族會到龍鼓灘拜祭十八世祖鄧若虛，工作人員會一早帶齊煮食用具、生豬和其他食材配料到墳前，拜祭後就搭起兩個灶頭燒柴生火，將生豬切成小塊，放在大鍋炆炒，再連同枝竹、魷魚、筍蝦，煮熟做成盆菜。完成後，就會把餸菜放入盆中，這個過程就是「煮山頭」。

族人拿取盆菜後，席地而坐，現場享用，俗稱「食山頭」。食山頭有指定時間的，就是 12 點，在開始 15 分鐘前，宗族成員會自行分組，每 6 人一組，每組會獲發一個盆菜。

以前很多家族拜祭祖先後都會「煮山頭」和「食山頭」，但這習俗已越來越少，因為耗費時間，一不小心還會引起山火呢！因此，許多鄉村改為攜帶已煮熟的豬上山拜祭，拜祭完一家人一齊享用，省卻烹調時間。又或者在祭祀完畢後一起返回祠堂煮盆菜，或索性到酒樓聚餐。

屏山鄧氏「若虛祖」是少數至今仍堅持保留「煮山頭」和「食山頭」習俗的宗族。據知，2021 年屏山鄧族更創出近 20 年紀錄，即場烹製的盆菜共有 62 盆，可見仍很多人想延續這個傳統。

趣味知識

屏山，除了「食山頭」和「煮山頭」的文化值得大家留意外，屏山天水圍圖書館也是一個亮點！

天水圍圖書館有「最美的圖書館」之稱，這座建築物還曾經獲得建築設計獎呢！它有幾巴閉？

屏山圖書館打破現時圖書館密封設計，是香港首個設室外閱讀空間的公共圖書館。圖書館全館有不少室外空間，擺有籐椅茶几，讓讀者未借書就可攜著書本到室外的園地閱讀。

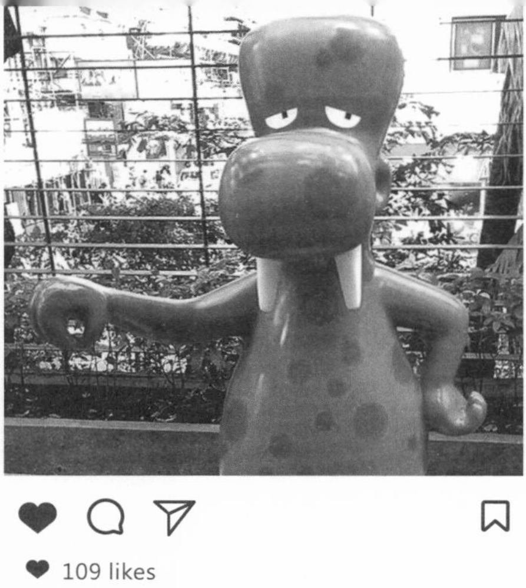

亂拋垃圾，會被譏笑為「垃圾蟲」！

清潔香港的垃圾蟲

垃圾蟲，垃圾蟲，製造垃圾損市容，

垃圾蟲，垃圾蟲，協力消除垃圾蟲。

以上是歌手葉麗儀上世紀60、70年代主唱的廣告歌《垃圾蟲歌》，在當年的黃金時段經常播放，以簡單易明的歌詞，再配上「洗腦式」旋律，大家即使唱不到全首歌，也應記得以上兩句經典歌詞，將「亂拋垃圾等同垃圾蟲」的印象牢牢植入市民心中。

在昔日的老香港，街頭流動熟食小販、露天熟食大牌檔等非常盛行，雖然很有風味，但卻造成不少衛生問題，蚊患和鼠患無處不在。港府為了改善衛生情況，整頓環境，便發起「清潔香港運動」，推出人見人憎的卡通角色：「垃圾蟲」，一旦有人隨街亂拋垃圾，就會被稱為「垃圾蟲」。當年垃圾蟲「紅極一時」，成為香港人用來嘲諷亂拋垃圾人士的代名詞。人人都不想成為令人討厭的垃圾蟲，所以亂拋垃圾的市民亦明顯減少。

這個垃圾蟲綠底紅點，其貌不揚，醜醜怪怪的，別以為是政府「hea」畫之作，這垃圾蟲是在 1972 年由時任政府新聞處藝術總監許敬雅（Edward Arthur Hacker）創作，前前後後共畫了 300 多份草稿再挑選出來的。

上世紀 90 年代，綠底紅點垃圾蟲「榮休」，宣傳清潔香港的重任落在「清潔龍」身上。

▲ 2016 年，政府又推出清潔龍阿德一角，並為他建立社交媒體專頁，創作許多清潔家居及市區的漫畫故事，讓清潔龍阿德成功打入年輕人市場。

垃圾桶的歷代變遷

109 likes

這是 1969 年宣傳清潔香港運動的海報，圖為當年的黃綠鐵製廢紙箱。

香港第一個垃圾桶，在哪年出現？答案就是 1948 年。

在 1948 年，市政局開始在馬路放置廢紙箱，並於 1954 年間每年推行一次清潔香港運動；50 年代，全港約有千餘個廢紙箱。當年的黃廢紙箱為鐵製，用四腳佇立，1957 年左右廢紙箱變成「黃綠」二色。

90 年代開始，本港的垃圾桶由玻璃纖維製成，外貌由原先的四方型改成圓筒型，據說，垃圾桶經常被強風吹倒，圓筒型能減低損毀機會；再者玻璃纖維無咁易生鏽，耐用又環保。

2016 年起，食環署更分批推出「細口」垃圾桶，投入口由原先 37cm x 19cm，縮至 23cm x 15cm，原意是想縮窄投入口，防止市民掉棄大型垃圾於垃圾桶內；但「垃圾蟲」仍然很多，他們會索性把大型垃圾棄置街上，或垃圾桶附近，令清潔工作苦不堪言。

舊式T形字粒路牌

109 likes

中環下亞厘畢道的「字粒式 T 形街牌」，與紅磚的殖民式建築份外相襯！

香港有三個街牌有超過 100 年歷史，這 3 個古董街牌與現時常見的一般路牌很不同，古董街牌呈 T 型，街名由預製的陶瓷字粒拼成，中文由右至左；英文全大楷。由首代的水泥框鑲嵌，演變成後來的鐵框。

「字粒式」街道牌是釘在建築物外牆，當舊建築物拆卸時會一併被拆毀，這些歷史遺迹買少見少。如果大家想尋找它的蹤跡，可以到中環藝穗會和上亞厘畢道。而灣仔北帝廟旁則有現今唯一一個鐵框字粒街牌：石水渠街。

在上世紀七十年代，中文街名開始改由左至右書寫。2005 年，路政署大規模更換街道牌，推出有箭嘴指示方向的長矩形街道牌，又附註街號，方便市民找尋地址。但筆者認為，比起舊式 T 型路牌，現代街牌在美學設計上略遜一籌。但珍惜舊式 T 型路牌的人不多，如果大家不好好保護，任由它風吹雨打，「字粒式」街牌將會消失於歷史洪流。

三棟屋換上新潮 look

三棟屋位於荃灣鬧市

位於荃灣鬧市的三棟屋，是一座擁有二百多年悠久歷史的客家圍屋，1981 年被列為法定古蹟，1987 年重修成「三棟屋博物館」，開放予市民參觀。大家可能問：新界也有客家祖屋，荃灣這棟有何介紹的價值？此言差矣！

2016 年 6 月，荃灣這棟客家圍屋已變成「香港非物質文化遺產中心」，從全香港約 480 項非物質文化遺產中，揀選了當中約 40 項，包括花牌、獅頭、點心及蒸籠等製作技藝，以及手托木偶粵劇、傳統節慶表演等作出展覽，又引入 ASMR 技術，讓觀眾一邊欣賞一邊聆聽工藝師傅的聲音演繹。

展覽共有三大主題，分別為：

1. 設於展覽廳的「香港節慶與民間工藝」
2. 橫屋的「日常·非常」
3. 房舍的「三棟屋與傳統鄉村文化」

▲ 在三棟屋，大家可欣賞很多文化遺產，包括花牌、獅頭、點心及蒸籠等製作技藝。

其中最震憾的莫過於「獅頭打卡牆」。每套五隻處於不同製作的步驟，總共 25 隻的獅頭懸掛牆上，猶如一幅大型的打卡牆，非常壯觀，吸引不少文青「朝聖」！

此外，平時花牌都掛得高高在建築物上，今次反傳統放在博物館的地上，觀眾可以走進花牌中「打卡」，並近距離欣賞做工細緻的龍柱邊位和逐塊繪畫紮成的孔雀頂手。展館後方更介紹了花牌的製作過程，如寫大字、摺花、製作配件、上棚等。

來到三棟屋，除了參觀非物質文化遺產，大家勿忘了欣賞三棟屋的建築特色。畢竟滄海桑田，像這種鬧市中保存完好的清代客家圍屋，讓大家認識優秀的古建築風格：棋盤布局、瓦片青磚，實屬難得！

一連三天的大坑舞火龍

大坑舞火龍被列入中國國家級非物質文化遺產名錄

每年中秋節期間，大坑都有舞火龍的傳統，2011 年「大坑舞火龍」活動更被列入第三批國家級非遺代表性項目名錄呢！

話說，大坑原本是一條客家村落，相傳在光緒六年 (公元 1880)，大坑發生一場可怕的瘟疫，死亡人數眾多，村民惶惶不可終日。後來，村中父老獲菩薩報夢指示，紮作一條火龍，在中秋前後，即農曆八月十四、十五、十六三個晚上，舞動著火龍繞村遊行，並燃燒爆竹，瘟疫就會停止。果然，疫症消失。自此以後，大坑每年都進行為期三天的舞火龍活動，以保平安。後來，大坑已發展成繁華鬧市的一部分，這個有著百多年歷史的傳統活動依然每年延續著。「舞火龍」是有既定程序的，並分三天進行：

舞火龍的事前準備

整條龍由龍頭、龍尾及 32 節龍身組成。龍頭及龍尾的骨架由籐枝結成，而龍身的脊骨則是一根極粗的繩纜。在籐枝及繩纜上鋪上當地人稱為「米仔草」或「珍珠草」的乾草，著民眾安插燃燒著的香枝，即「長壽香」。

八月十四和八月十五：大巡遊

由農曆八月十四起進行連續三晚舞火龍儀式。總指揮手持寶帛在火龍前參拜後，「舞火龍」便開始。巡遊路線包括蓮花宮、浣紗街、安庶庇街、新村街、布朗街和華倫街。巡遊完畢後，火龍會前往浣紗街表演。

八月十六：龍歸天

到了農曆八月十六，火龍循著逆時針方向巡遊大坑社區一周，然後被運到銅鑼灣海濱。抵達後，參與者把火龍的龍頭面向渡頭放置，前方擺放寶帛、龍餅，各人在渡口插香，並在火龍前參拜，感謝上天庇佑大坑舞火龍順利舉行。該火龍隨後被拋入海中，稱為「龍歸天」。其後，由工作人員撈起火龍搬回岸上。

趣味知識

籌備多年的「大坑火龍文化館」在2022年開幕，坐落於銅鑼灣的三級歷史建築裡。展館分成3大部分，地下展館主要介紹大坑舞火龍的文化及歷史，包括製作過程、儀式、行走路線等等，亦有模擬舞火龍打卡場景；而1樓為客家菜餐廳，讓大家享受懷舊美食；而2樓則為多用途空間，大家可參與不同工作坊和講座，如手帕刺繡工作坊等，逛足一個周末都不成問題！

109 likes

深水埗主教山配水庫是近年熱爆的打卡新景點

獨一無二 羅馬式儲水庫

深水埗主教山配水庫有逾百年歷史，因水務署工程而曝光。這座建築物具有罕見的古羅馬式風格，在香港絕無僅有，更吸引大批市民蜂擁報名導賞團，前往打卡留念。

有專家指出，主教山配水庫是本港唯一以花崗石柱、紅磚圓拱、混凝土桶形拱頂（又稱隧道拱頂）和擋土牆而建成，為全港尚存 5 個戰前配水庫之一，是九龍半島現存已知第二古老的配水庫。加上，主教山配水庫的古羅馬拱門建築方式，與千多年前「伊斯坦堡地下水宮殿」的地下儲水庫接近，專家推測，是古羅馬的建築科技傳到英國，再在 19 世紀末帶到香港，反映建築科技的承傳歷史。因此，專家認為，深水埗主教山配水庫有極高文物價值，值得評為法定古蹟。

主教山配水庫是 20 世紀九龍供水設施的起源，開創了九龍水塘供水的先河，亦見證了九龍半島由「泵井供水」到

「水塘供水」的轉變。雖然水務署工程破壞了主教山配水庫，幸好及時發現，大部分範圍仍未受影響，能維持本來的原貌。

趣味知識

深水埗主教山配水庫有港版「伊斯坦堡地下水宮殿」之稱。伊斯坦堡地下水宮殿其實是一座大型的地下蓄水池，在拜占庭帝國時期由君士坦丁大帝初建。

君士坦丁大帝當年在君士坦丁堡（今天的伊斯坦堡）建造了堅不可破的城牆，由於當時常有侵略者攻擊威脅，為免被敵人切斷自然水源供應，所以下令建造這個地下蓄水池。水宮殿儲水量高達10萬噸，可供當時全城人民飲用數個月。

▲ 地下水宮殿是拜占庭君士坦丁堡所遺下最令人驚嘆的建築物之一

香港地充滿傳奇

香港點解叫「香港」？

香港是位於中國東南沿海的一個小島，本是寂寂無名之地，後來逐漸發展成為國際知名的大都市，也是近百年間的事。香港之所以叫「香港」，有傳聞話有一個名叫香姑的女海盜，曾佔據了今天的香港島作為根據地，後人因而稱這個地方為「香港」；又有說在今日香港仔附近，從前有一道大瀑布，瀑布的水質甘香，故人們稱之為「香江」。但這些傳聞全無學術根據，很快已不攻而破，根據學者的考證，有關香港的來源，以下說法較可信：

與香料有關

「香港」之所以得名，其實與「香料」有密切的關係。當時東莞出產的香，是南方最有名的，因此稱為「莞香」。今日大嶼山的沙螺灣、沙田的瀝源村，都是當年盛產香的地方。這些從東莞運來及本地出產的香料，會在今天的尖沙咀碼頭位置運至石排灣，在這裡集中後再轉運至各地。石排灣東北岸一帶因此逐漸被稱為「香港」，意即販賣及運銷香料的港口，位於石排灣灣畔的村落遂稱為「香港村」。當時「香港村」常受海盜滋擾，村民建圍牆自保，故此「香港村」又稱為「香港圍」，即今天的黃竹坑舊圍一帶。

因蜑家村民陳群而命名

後來英軍佔領香港島，常由一名叫陳群的蜑家村民引路。當英軍途經「香港村」時，詢問該地的名稱，陳群以蜑語答稱「香港」，英人即以蜑音「HONG KONG」作為全島的名稱。

趣味知識

「香港」這個地方很架勢！有很多颱風都是用香港的山名和地名而命名。

颱風名字是由世界氣象組織颱風委會員成員提供，包括中國、香港、澳門、日本、美國等14個國家及地區，每個成員各提交10個名字，合共140個供重覆使用。

10個由香港命名的颱風分別是鳳凰、馬鞍、珊珊、白海豚、玲玲、榕樹、萬宜、鴛鴦、彩雲和獅子山。

虎豹別墅建築群被列為一級歷史建築

曾令人膽怯的虎豹別墅

1930 年代緬甸華僑商人胡文虎在香港島銅鑼灣大坑道半山興建別墅，並以胡文虎、胡文豹兩兄弟名字命名。虎豹別墅「名不虛傳」，大宅內的確飼養了老虎、豹、孔雀，豹更能在私家花園「周圍走」呢！ 2009 年虎豹別墅被評為一級歷史建築。

建造費天文數字

胡文虎、胡文豹兩兄弟以「萬金油」起家，當時胡氏家世顯赫，在上世紀 30 年代以 2.68 萬元投得虎豹別墅現址，佔地約 5.3 萬呎，再以二千多萬元豪裝及興建大宅。在當時，一般工人的月薪由港幣 2 元至 45 元不等，胡氏投地和起屋的開支可說是天文數字，可見財力驚人。據知，別墅在 1936 年 7 月開幕時，港督及名流紳士均到場見證，足見其社會地位之高。

要數虎豹別墅，上一代香港人最印象深刻的，莫過於以十八層地獄的場景的「十王殿」壁畫。

虎豹別墅樓高三層，別墅本身屬私人府第，不對外開放，但別墅後山的「萬金油花園」則公開給市民參觀。當時沒有供華人享用的公園或公共遊樂設施，胡氏便免費開放予公眾遊覽。「萬金油花園」可以說是香港第一個主題公園，它有別於西方以卡通人物及童話故事構成的童話樂園，「萬金油花園」是以中國民間及宗教故事為主題，當中象徵「七級浮屠」的六角形白塔和十八層地獄場景的「十王殿」壁畫令遊人最為難忘。山洞裡有閻羅王、鬼差收押犯人、斬頭、鈎脷筋、腰斬、上刀山、下油鑊，及各式各樣血淋淋慘烈酷刑等造型，教育世人勿行差踏錯，逼真的設計震懾人心，起警世作用。

變身做音樂學院

1954 年胡文虎病逝後，後人把別墅部分地段出售，建成私人屋苑，1999 再次出售其餘部分，虎豹別墅從此正式關閉，停止對外開放。2004 年，港府與發展商協議只保留虎豹別墅的主樓，並保育成為「音樂學院」。經活化後，現已成為音樂學校「虎豹樂圃」，2019年4月開放予公眾參觀。

「虎豹樂圃」主要推廣中西音樂文化。平日時間只開放主樓的地下大堂，若想參觀主樓 2 樓、3 樓位置，即是睡房及其他客房等，須報名參加免費導賞團。

▲虎豹別墅的十八層地獄場景帶出「人在做，天在看」的震憾訊息，警惕世人不要行差踏錯。

活化後特色卻消失了

當年發展商計劃重建，只原址保留虎豹別墅和它的私人花園，萬金油花園則被拆卸，昔日為港人帶來震憾教育的警世浮雕已隨着萬金油花園拆卸而消失了。

筆者認為，經活化後，建築特色及大部份的屋內裝飾仍然獲保留原貌，惟最讓上一代香港人記掛的的地獄壁畫則伴隨萬金油花園一起消失無蹤，實在令人惋惜。

書中仍有黃金屋？

就快沒落的報紙檔

俗語有云：一日不讀書，塵生其中、兩日不讀書，言語乏味、三日不讀書，面目可憎。雖然這略有誇張之嫌，但不可否認的是，閱讀自有其好處。自上世紀中葉起，印刷業大行其道，報紙、書籍也隨之興起。閱讀也成為了一種大眾文化。但隨著近代網絡科技的發展，實體書和報章生意迎來了寒冬。究竟這些行業的發展如何？他們又在面對甚麼問題？

科技風暴直捲書圈

今時唔同往日，很多免費報紙可供派發，網上亦有相關資源，連漫畫都可以上網睇；宜家潮流興喺 iPad、iPhone 睇電子書，一般兩三蚊美金就可以買到本書，仲平過本實體書。對於實體書和報攤老闆而言絕不是甚麼好消息。不少書店，報攤都隨即結業，「想兩餐溫飽都好難！」相信是不少店主的心聲。

良心批發商？

講起報攤的運作，以前所有賣剩的報紙要由報販獨自承擔，若當天市況慘淡，賣剩的報紙很多，報飯們就要在夜晚十點、十一點的深夜周街兜售報紙，賣得幾多得幾多，否則就血本無歸！據說，到後期報章《蘋果日報》一面世，為增加曝光率，就向報販加大送貨數量，如果加大咗數量而報販又賣不出的話，報販便將面對更加惡劣的情況。於是，《蘋果》就帶頭容許報販可以「回尾」。「回尾」即是「回紙」，即是將賣剩的報紙退返俾批發商，攞返錢。派送數量由報館決定，報販賣唔哂，都可以退返俾批發商。跟住其他報紙都陸續效法，於是，所有報紙都可以「回尾」。這種做法讓不少報販因此得到喘息的空間，繼續營運下去。

報攤的困境

不過，報攤的惡運不可逆轉！賣報紙由於在街邊擺檔，成日都收告票，主因是因為阻街！令他們每日賺到的錢都唔夠交罰款！試過有報販試過一日被拉七次、罰款近五千元，仲未計被充公的報紙同雜誌。有時佢甚至要改為晚上開檔來逃避追捕，慘過過街老鼠！所以，近年報攤數目肉眼可見的減少。留下來堅持的人，值得我們的尊敬。

存在 or 毀滅

有人覺得，在時代的洪流下，汰弱留強是大勢所趨，不必為這些日漸式微的產業感到惋惜；也有人覺得，報紙和實體書的存在價值乃科技無法替代的時代結晶，好似中區擦鞋匠一樣，政府應該對呢啲歷史悠久的報攤發牌管理，不應該讓他們自生自滅。政府應該伸出援手，避免它們的消失。所以，各位讀到這篇文章的朋友，在空餘時間的時候，不妨走進附近的書店，找個安靜的角落，靜靜地坐下來，享受實體書與別不同且獨特的魅力。

趣味知識

報紙檔在香港超過一世紀，它最初出現，竟然原來跟「反清」有關？

1903 年，《孖剌西報》（Daily Press）編輯主任克寧漢（Alfred Cunningham）與革命者謝纘泰創立《南清早報》，即後來的《南華早報》。謝纘泰是何許人也？謝纘泰就是孫中山創立的興中會的第三號人物，故早年的《南清早報》，是肩負著「反清」重任，鼓吹反清的革命。

▲ 首個流動報紙檔於 1904 年在山頂纜車上車點——中環花園道開檔。

去當鋪Shopping?

只要有金器帶去當鋪，很快借到錢。

當鋪屹立香港逾一世紀，見證著香港發展的興衰，也曾經是不少港人尋求「江湖救急」的地方。時至今日，當鋪在香港的規模雖然縮小了，但是絲毫不見頹勢，依舊有其市場。到底當鋪有沒有經歷過低潮期？當鋪能如此「壽比南山」，生存到現在的秘訣是甚麼呢？當鋪的將來又會是怎樣？

其實當鋪等同於古老的財務公司，小至一小顆的寶石，大至一床棉胎，都可以作為個人財物在當鋪抵押換取實際金錢。但這種交易方式最怕一種人的出現，分分鐘讓當鋪血本無歸……

遇着種蟲友 當鋪愁更愁

在當鋪興盛的上世紀，除了一般市民典當的物品之外，也是賊贓的聚集熱點。若當鋪不幸遇著賊贓，不僅要交出贓物，套出的現金更無法追討，真不可謂不慘。但相比起遇著「種蟲友」，就真是小巫見大巫了！

「種蟲友」，即是在劣質平價的物品上做手腳，再裝飾成高價品拿去典當呃人的蠱惑友囉！例如佢哋會將爛咗的手錶換錶面、清潔外殼、略為修理使佢暫時能走動，然後用花言巧語令到當舖以為係貴價名錶，目的就係想押得好價錢。當舖往往會在給了一個好價錢之後，才發現自己已經上當受騙。所以做當舖職員真係要事事小心，眉精眼企啦，不然就會蝕得血本無歸！

「遮醜板」令你借得有尊嚴

近年雖然香港的典當業開始式微，但仍有市場，因為向銀行借錢周轉，要有入息證明，又要擔保人。如果本身是自僱人士，即使有值錢的東西傍身，都好難借到錢，這時當舖就可以幫上忙了！除此之外，近來，外籍傭工變成主要客源之一，她們會拿典當物品應急，讓當舖多咗好多外傭典當生意呢。

不過始終典當物品是到了山窮水盡的無奈之舉，被人認出也不是甚麼光彩的事情，為了避免這種讓人尷尬的事情發生，當舖會在入口處擺放一塊「遮醜板」，讓街上行人睇唔到你在店內典當，免生尷尬；走到裡面，會見到一個比成年人還要高大的櫃枱，高大的櫃枱使街外人看不到當舖內的環境，典當甚麼物品、套現多少錢，街外面的人通通都看不到，令你借得有尊嚴，借得安心。

當舖買平嘢 抵過二手店？

看到這裡可能有人會問，當舖一直支出抵押價，他們的收入來源是甚麼？其實，當舖收入主要來自兩方面，一係收取典當人每月的利息；二係將斷當的典當品拎去放售。有時，佢哋會將金器熔掉之後出售，其餘售予出口商。近年，有當舖將貴重的斷當物品放在門市售賣呢！所以在當舖購買二手手錶及鑽石，會比在二手店買更便宜呢！各位以後如果想買禮物俾男女朋友，又不想荷包大出血，不妨考慮下去當舖看看！

當舖瘋狂利息計算法：九出十三歸

既然當舖的其中一個收入來源是收利息，其實當舖怎樣計算利息呢？答案是「九出十三歸」。假設抵押品值 $10，當舖就會喺當票上寫上 $13，而實際只支付 $9 俾客人；客人要贖回物品時，就要付出 $13。不過，這種重利盤剝的收息方法早已經被法例禁止！首先，現在所有抵押品一個月利息不可以超過 3.5%。而且所有物品的抵押期為四個月，當物者可要求續期，次數不限，但當物者在續期期間須向當舖交納 15% 月息。若當物者的抵押期屆滿後，既不贖回當押品，又不要求續期，或者喺續期期間繳不清利息，當舖就有權作斷當論，將斷當品賣俾二手夜冷店或古董商店。

經不起時代的變化

以前當舖數量更多，規模也很大，佔據三、四層樓的當舖不在少數，他們會在最低層接收當押品，而樓上的單位會被用作儲物室，存放棉被、衣服等需要較大存放空間的當押品。以前生產一張棉被需時，成本高，所以較為昂貴。唔少人急需周轉，會喺夏天將棉被典當，冬天就將它贖回。

但現在當鋪已經不接受棉被之類的當押品，現在市民典當的大都是金器、鑽石、手錶、手機、手提電腦、數碼相機等體積較小而價值高的物品，可存放喺夾萬裡面，無需再用咁大空間，加上香港寸金尺土，樓上的單位紛紛出售或轉租他人，時至今日當鋪均以小店形式努力生存下去。

「時代變，人物風雨都改變」。當鋪現在的發展早已經不復往昔的輝煌，但是我們不應該否定它們的價值。它們曾為貧困學童提供學習的資本，也曾經為嗜賭的紈絝子弟給予改過自新的機會。香港的當鋪實在為我們留下了太多的集體回憶，絕對是香港民俗歷史中不可忽略的篇章。

趣味知識

「搵二叔公幫手」，意思就是去當鋪典當。

「二叔公」是民間給當鋪櫃面的一個外號。大約在民初時期。廣東一帶流行一種風俗，就是「當仔」。話說，當時剛出生的小孩如果體弱多病，父母就會怕子女養不大，於是把子女當給當鋪，和櫃面上契，認做義子義女，猶如把子女託付出去。當鋪會在票上寫上長生之類吉祥字眼。

父母每年付給當鋪「利息」，直到子女18歲長大成人為止。贖回子女之前，父母會定時定候去送禮、送水果，過程中家人和當鋪建立了十幾年的友誼。子女日後跟自己的兒孫憶述自己的身世時，會稱當鋪櫃面為「二叔公」。

藍屋建於上世紀二十年代

藍屋的集體回憶

位於灣仔石水渠街的「藍屋、黃屋、橙屋」屬本地罕有特色建築群，當中藍屋 2000 年更被評定為一級歷史建築。藍屋已有近百年歷史，藍屋樓梯間的牆壁、單位內窗戶同樣由木材製造，是香港少數餘下有露台建築的唐樓。獨特的建築風格令藍屋被評為香港一級歷史建築物，至於位於鄰座的「黃屋」亦被評為二級歷史建築。

現在讓我們坐時光機，齊齊回到過去，細味體驗一下往日街坊的一些生活點滴吧！

「藍屋」的所在地原本是「華佗醫院」，是香港第一間華人醫院，建於 1867 年的。「華佗醫院」1887 年結業之後，藍屋就作為廟宇供奉「神醫華陀」，1924 年再重建為現時 4 層高唐樓，地下則設有「華陀廟」。直至 1950 年代，黃飛鴻徒弟林世榮侄兒林祖，就在廟宇位置開設武館，十年之後林祖再將武館傳俾個仔林鎮顯，林鎮顯就將武館改為跌打醫館，一直經營至今。跌打醫館就係由林鎮顯師傅遺孀陸麗燕打理。

其實「藍屋」本身並唔係藍色，而家見到外牆藍色，係因為 1970 年代，香港政府為呢棟唐樓外牆油上油漆時，物料庫只剩下藍色油漆，所以就油成藍色。

倒夜香文化

藍屋以獨特的唐樓設計而聞名，另外，「倒夜香文化」亦令人對藍屋印象深刻。因為成座藍屋都無廁所，所以以前夜晚會有人「倒夜香」！地下至一樓梯級，有三塊木板上面有幾個數目字同符號，聽舊街坊講，符號是當年倒夜香工人為了記低邊日要到邊一層倒夜香做記號，好具歷史價值。只係當「倒夜香」服務無咗之後，住客人有三急就唯有去附近公廁「解決」。

現在年輕一代已經唔會再有人願意住這種有騎樓的唐樓，但其實以前灣仔、上環一帶密密麻麻都是這種四、五層樓高唐樓。在騎樓睇風景、閒話家常，男人、細路成日著住內褲就在騎樓沖涼，頗自由自在。如果唔記得帶鎖匙或者遮，只要在樓下嗌一聲，屋企人立即就在騎樓拋落去俾自己！

藍屋、黃屋和橙屋得到保育

除了藍屋之外，點解仲有其他橙色、黃色的建築物？

隔離呢棟橙屋本來無名，後來政府收購呢棟樓後，以橙色的油漆粉刷外牆，後來跟隨藍屋的名稱一齊稱呼，因此得名「橙屋」。再隔離呢棟黃屋，情況一樣，本身都係無名，因為政府收購呢棟樓後，以粉黃色油漆美化外牆，黃屋因而得名。藍屋、黃屋、及橙屋令灣仔形成了一個罕見的唐樓建築群。

建築群如今已獲得活化，不是只保留建築物外殼，而是採用「留屋留人」的方式；不但保留單位給原來租客繼續居住，更將部份單位出租。藍屋的租客需要共同管理藍屋和打造藍屋生活環境，例如一同種植花卉綠化藍屋和進行垃圾分類回收等等。

除此之外，藍屋更設有「香港故事館」，提供不同主題的文化導賞及展覽，讓公眾認識藍屋建築群之餘，亦了解灣仔的文化。而且，藍屋居民不時舉行鄰里活動，例如黃昏音樂會、工作坊等等，不但為藍屋帶來經濟收益、凝聚社區網絡，更能將傳統行業及本土手藝承傳開去，一舉多得。

搶包山活動樂趣多

109 likes

太平清醮的重點活動是「飄色巡遊」和「搶包山」

搶包山這項傳統源於十八世紀，是長洲太平清醮一項標志性的活動。不知道大家有沒有試過在農曆四月初八到長洲一睹眾健兒攀包山的英姿呢？如果沒有，就應該看看這篇關於搶包山的小百科了。

搶包山的歷史源遠流長，最早可追溯至 18 世紀的清朝。當時，長洲曾發生嚴重瘟疫，後來得到玄天上帝的指引才得以好轉。長洲的居民為了酬謝神恩，便扮成各種神祇在大街上遊行，驅趕瘟神。而流傳其後更起了三座由平安包積成的包山，在長洲供居民搶奪，在傳統上，搶得越多平安包，寓意有更多的福氣。

重創搶包山活動的「山踩山」事件

在 1978 年 5 月 9 日的搶包山活動當中，300 多人從四方八面，沒有秩序的攀上包山搶平安包，而其中一座包山因不勝負荷而塌下，壓到旁邊的另一座包山並相繼倒下，因此導致了 24 人受傷的嚴重意外。事後香港政府便因此以安全理由禁止這項活動舉行，改為統一派發平安包給居民。後來在居民的申請下，政府終於在 2005 年復辦搶包山活動。

前車可鑒

鑑於上世紀的嚴重意外，政府對包山活動提出很多安全要求：傳統的包山僅用竹棚搭成，十分危險，但現在的包山則由工程師認可的物料和方法搭成，內部則用鋼架支撐，地面又會鋪上軟墊。包山的構造更取得屋宇署、建築署、香港工程師學會等的意見及支援，所以相比起以前在安全方面更有保障。

而且，以前每座包山都會掛上 1 萬 6000 多個平安包，現已改成 6000 多個，藉以減少平安包的數量，希望包山更加安全。而平安包上的字由原本的「壽」亦都改成「平安」，寓意沒有意外發生，平平安安。

千金難買的參賽席位

隨着對安全要求的提升，參賽門檻也隨此提高。爬包山人士均需接受香港攀山總會的訓練，經當局嚴格選拔後，只有 12 名參賽者獲准搶包山，為觀眾提供精彩紛呈的比賽。

高手在民間

說到搶包山比賽，最著名的參賽者莫過於鄭麗莎和郭嘉明了，鄭麗莎曾經勇奪兩年女子組冠軍，而且更加入過娛樂圈拍攝《神獸巴打》這套電影呢。至於郭嘉明則分別於

2010 和 2013 年奪得男子組冠軍，真可謂是高手在民間！

原本搶包山比賽只有個人形式，但在 2006 年時已加入團體形式，每隊 5 人為一組，比賽會以接力形式進行，每個隊員需從山頂拿取布袋，然後盡快搶平安包再到達地面，讓另一位隊員繼續，所有隊員要在最快時間內取得最多的平安包則勝出。新賽制也在確保安全的前提下，令更多人可以參與其中，使活動形式更多元化。

太平清醮及搶包山是香港重要的非物質文化遺產，承載着香港人的集體回憶，希望這一項美好的傳統習俗能代代相傳，為我們的後代帶來平安的祝福。

趣味知識

為何「長洲太平清醮」總與「佛誕」同一日？

傳統上太平清醮在每一年的農曆四月初一至十五日其中一天舉行，由負責建醮的值理會在長洲北帝廟內「擲筊」請示神明確定日子。

以往的日期通過問杯定出，故此每年不同，所以早年的太平清醮有機會在非公眾假期的日子舉行，不能吸引許多外來訪客。

2000 年的問杯結果是正醮日為農曆四月初八，由於當日是佛誕假期，有大量遊人前來觀賞飄色巡遊，所以翌年再問杯時，太平清醮值理會就向北帝表達希望每年正醮日都在四月初八，結果得到勝杯，自此醮期固定下來。

用來鬧人的老香港潮語

正一混吉
你躝屍趌路啦
你趁地淋啦
109 likes
用來鬧人的老餅潮語，你知多少？

香港有不少俗語反映著舊時年代的文化，從認識俗語的來由，可以窺探出老一輩的真實生活。

擒青

「擒青」出自舞獅藝術，正確的舞獅表演過程需以「見青、驚青、採青、碎青、吐青」等過程來展示其功架，最後一步才會「採青」；但有人急於完成表演而先「擒青」。

漸漸地，「擒青」就被引伸為形容人急於求成、做事急趕。

躝屍趌路

「躝屍趌路」來源自古代，以前道士會透過法術把死屍變成電影裡「紮紮跳」的殭屍一樣，從一處地方趕到另一處地方。「躝屍」就是間接用來詛咒對方是死人，而「趌」有驅逐之意。現今「躝屍趌路」一詞用於叫人快點滾開，快點

「上路」（赴死）的意思。例如：「你仲害得我唔夠慘？快躝屍趌路啦。」

蛋散

「蛋散」是流傳已久的鬆脆小吃，大家在旺角街頭小店買魚蛋串時，總會見到它的蹤影。「蛋散」一咬便散，人們就用「蛋散」來形容膽小怕事或沒出息的人，如同「蛋散」般毫不硬淨，一碰便散。

亦有人說，「蛋散」源於戲曲中的職業「旦散」，因其職業性質屬閒角一類，所以用來形容無用之人。例如：「他終日無所事事，正一蛋散。」

混吉

「混吉」是指人貌似做一件正經事，實際上非常無聊，還為他人帶來麻煩。

「混吉」一詞源自早期香港的茶館，以前茶餐廳會為進來的客人先送上一碗「空湯」，「空湯」是指沒有湯料的淨湯。由於粵語「空」與「凶」同音，所以為了好意頭，「空湯」便改稱為「吉湯」。早期香港經濟差，人民生活清苦，「吉湯」雖然沒有湯料，但上面漂浮著一些油星和一點肉味鮮味，對於那些生計無著落的貧民來說，有相當吸引力。他們餓極之時，便會進入茶餐廳大模大樣地坐下，待「吉湯」奉上，一口氣喝了，趁夥計不注意時溜之大吉。侍應就會罵這班沒光顧的人是「混口吉水飲」。

瞀里

「瞀里」諧音為「茂利」，現用來形容蠢鈍的人。

「瞀里」一詞是怎樣得來的？有說法指「瞀里」是英文詞語「mullion」的音譯。「Mullion」解作豎框，是支撐陽台或窗戶的木材。據說當年英國工程師要求華工製作豎框，就指著木材叫「mullion」，但華工不明白「mullion」的意思，呆若木雞，如木頭般站著不動。一傳十，十傳百，「瞀里」一詞就變成用來指人呆頭呆腦的形容詞。

嬰笴

「嬰笴」是用來形容人猶豫不決，決而不行的意思。

在古代，「笴」有嘉許的意思，是古代婦女的一種頭飾。頭上假髻的數量多與少是身份象徵，越多的假髻的裝扮越能展示身份的尊貴，「嬰」字有不作出決定的意思。兩者加起來就是形容人姿姿整整，但三心兩意。

揦埋就係風濕

廣東人居住沿海地區，容易有風濕病；「揦埋就係風濕」指大夫不管甚麼病，統統下風濕的結論。

「揦」本字是「拿」，有用手拿取的意思。

「揦埋就係風濕」合起來，就是比喻一些人不問因由、不分析，把所有事情胡亂下定論。例如：你講嘢無根無據，常胡說八道，揦埋就係風濕，因住俾人告呀！

呃鬼食豆腐

相傳，以前有人四處吹噓自己曾撞鬼，而當鬼要把他吃掉之時，他用計成功誘騙鬼魂去吃豆腐，而他就逃過被殺的命運。這樣的大話當然沒人相信啦，後來當有人刻意誇大其詞、胡亂說話，便會被形容為「呃鬼食豆腐」。

未曾見過大蛇屙屎

「大蛇屙屎」是難得一見的少有現象，但對一些人來說則司空見慣。

相傳，以前有人在廣州一個公園曾捕到一條大蛇，不少人圍觀並看到其排洩的景況，那人感慨地說：「人們真無知，竟未曾見過大蛇屙屎」。

漸漸地，「未見過大蛇屙屎」這句老餅潮語，就用來形容人未見過大場面、孤陋寡聞。

兜踎

「兜」指碗或食盆，「踎」指蹲坐在街上，合起來是指人無所事事在街上討錢，活像乞丐一樣。後來，「兜踎」就用來形容人落泊潦倒、生活不滯，行為頹廢。

趁地淋

「淋」一字在粵語中解為「鬆軟」。「趁地淋」意指泥土鬆軟，較方便把棺材入土落葬。

「你趁地淋啦！」是上世紀五六十年代香港流行的術

語，即是詛咒對方快點去自掘墳墓，盡早入土為安，簡單來說，是「叫人去死」的意思。

塞豆窿

「塞豆窿」直讀的意思是能放得進豆一樣小的窟窿裡，形容機靈調皮但野蠻難教的小孩子。

其實塞豆窿是一種非常殘忍的儀式，傳說古時在洪水為患的地方，防洪的堤壩經常氾濫，有迷信之士會把小孩放進堤壩內的排水口（「豆窿」）內，他們相信以這個方法便能製止洪水。其實，這個方法絕對無效，而且令無辜小童的性命白白斷送。

「塞豆窿」又有另一個版本，話說「豆窿」是指漁塘連接河道的閘口，通常是一兩尺左右闊。漁民在清塘放水時，有時發覺去水不暢通，才發現有誤墮漁塘小孩的屍體，塞住個「豆窿」。所以，塞竇窿就引身為小孩的別稱，有咒罵的含意。

該煨

煨出來的番薯特別香，「該煨」概括了番薯的一生。後來，「該煨」被引伸為描述某人自作自受，對那人有些可惜、可憐，也帶點「抵死」(活該)的情感。

但「該煨」又有另一個說法，指「該煨」應是「該偎」。「偎」是緊挨，靠著，安慰的意思。「該偎」有可憐、愛憐的意思，所以當有小孩跌倒受傷，哇哇大哭時，父母看見就會拍拍孩子的肩膊說：「該偎咯，跌痛我的寶貝。」

坐花廳

以前衙門有正廳，兩邊有分廳——候審的地方，客家話「分廳」讀成「花廳」，一坐花廳就要等著抓進正廳審了。現在形容是坐大牢，吃官司的意思。受靶、入冊、踎監、坐監、坐花廳、食皇家飯等這些粵語都有坐牢的意思。

撚化

別誤會，「撚」字並非粗口！

據《說文解字》「撚，執也」，形容搓揉的手部動作，亦有拿手之意，例如「撚手小菜」。

而「化」有變化之意，亦指「化」的境界，「撚化」是即有人玩弄手段至「化」的境界，現在形容指玩弄別人之意。

陰騭

「陰騭」讀音是「陰質」。

據《書經洪範》，文中曰：「惟天陰騭下民，相協厥居。」這裡的「陰」指暗地裡、不顯露；「騭」，指安定。「陰騭」二字原意指陰德，形容默默行善的德行。但廣東俗語卻相反，把「陰騭」改變成相反意思，變成形容「缺德」的意思。

叉燒

「叉燒」一味好吃的廣東美食，肥瘦都有，若烹調有技，就會外脆內爆汁，嫩滑、新鮮，好味停不了！一口下去很是滿足，深得男女老幼的喜愛。但廣東的師奶生氣的時候，會對她們的孩子說，「生舊叉燒都好過生你啦」，意思就是說，寧願生舊叉燒，至少可以果腹兼滿足美蕾，但生了你這無用的孩子，一點用都沒有，連一塊叉燒都比不上。不過，這句說話很傷害孩子的自尊心，天下父母切記不要再說！

水魚

「水魚」是「鱉」，俗稱甲魚、團魚和王八等，卵生爬行動物，水陸兩棲生活。鱉肉味鮮美、營養豐富，有清熱養陰的功效。鱉不僅是餐桌上的美味佳餚，而且是一種用途很廣的滋補藥品。不過用在人身上，就不是好的形容詞。

「水魚」實際上多用來比喻金錢上給人佔到便宜的傻瓜，就是在罵你笨的意思。例如：「你份人咁老實，對人無防備之心，小心被佢當你水魚啊！」

躝癱

「躝癱」一字源於「蘭彈」這個古字，出於唐代詩人蘇頲的《詠死兔》一詩：「兔子死蘭彈，將來掛竹竿 」。「蘭彈」原本解作兔子懶散怠慢，如同軟皮蛇一樣。時至今天，「蘭彈」已演變成「躝癱」二字，指人「躝」爬在地，如同「癱」瘓的病人，指人「冇用」和「冇價值」。

碌葛

「碌」是一個量詞，而「葛」是指粉葛。「碌葛」合起來，就是形容人呆笨、反應遲鈍，好像粉葛般無腦。亦有說法指

「葛」是從「獦」一字衍生而成，話說唐代人們會將廣東「南蠻」稱為「獦獠」，是具貶義的稱呼。

沙塵

「沙塵」形容驕傲囂張、喜愛炫耀。

「沙塵」一詞原來有段古，話說清朝末年廣州西關有個叫陳沙的人，賣洋貨發了財，便坐著轎子在街上大鑼大鼓，大顯威風。一天晚上，忽然颳起大風沙，轎夫站立不穩，差點把陳沙摔出轎子。陳沙下轎大罵轎夫，剛出轎門，大風沙「呼」一聲吹掉了他的帽子，他自己也被風沙吹得左右搖晃。路人見狀，都落井下石，嘲笑「陳沙變沙陳了！」後來，人們把「沙陳」寫成「沙塵」，形容那些驕傲輕浮、誇誇其談、好炫耀的人。

卡啦蘇

「卡啦蘇」有指源於英文的 clerical，指一個人無特別才能，後來音譯為「卡啦蘇」，演變成形容人行為或外表很古靈精怪。

著草

古人遠行時就會著草鞋。但古代交通不便，一般人不會遠行，除非有重大要事在身，或者要逃避追捕才會著草鞋一走了之，「著草」這個講法演變至今天，就有「走佬」的意思。

109 likes

薄扶林村是香港現存最古老的村落

百年古村 薄扶林

說到薄扶林，很多人的第一印象可能會想到豪宅、高尚住宅，可是一群豪宅中竟然有一堆殘舊不顯眼依山而建的寮屋，它的名字就叫作薄扶林村。有人話，它是香港最早期的村落，早在 200 多年前就已經屹立，據說「未有香港，已有薄扶林村」。

呈現眼前的，是一大片低矮密集、高低錯落的鐵皮建築。它們的灰白色調和簡陋破舊的寮屋面貌，跟不遠處巍峨聳立的新型高樓大廈，形成了鮮明對比。

這裡的寮屋區窄巷左穿右插，樓梯又不平整。門牌號碼較混亂，不是按順序排列的，如果沒有熟人帶路，村外人很容易迷路。

鐵牌上印著「薄扶林寮屋區」的字樣。其實，它不但是寮屋區，也是古老客家村。根據歷史文獻記載，薄扶林村始於清朝，盛傳有 2000 幾個客家人為了逃避康熙年間的三藩之亂，從中國避難至薄扶林，是香港島的最早的原居民之一。有人說「未有香港，已有薄扶林村」，一點也不錯，這裡確實比香港還要老，清朝嘉慶24年的《新安縣志》，已出現『薄鳧林』這個地名，至今已超過200年歷史。《新安縣志》裡寫的「薄鳧林」，是這樣寫的，鳧，音「扶」，是一種水鳥的名稱。

消失的牛牛王國活化重生

有位蘇格蘭人Manson，來港後發覺這裡的居民沒有新鮮牛奶喝，於是在1886年引入乳牛，免費供應牛奶。後來牛奶公司生意越做越好，大幅購地建牛房、倉庫和兩棟工人宿舍。全盛時期不但飼養多逾三千頭乳牛，牧場面積更達三百畝，範圍橫跨現時的華富邨、貝沙灣、置富花園及沙宣道一帶，當時四周建有牛房、草蘆之餘，更有多幢員工宿舍。不少薄扶林村民也獲聘，負責割草、擠奶和運輸等工作。這裡的老村民，很多都英文了得，原來因為當年他們曾經在牧場幫外國人打過工。值得一提，這位為薄扶林村居民帶來新鮮牛奶的Manson先生，曾經獲諾貝爾醫學獎，更是孫中山的醫科老師。

曾幾何時，大街入口是個小街市，賣豬牛雞魚菜，還有雜貨店、茶樓、士多、中藥房、五金舖、傢俬舖、洋貨店、美容院、裁縫店，甚至連診所都有。

自1976年開始，牛奶公司的牧場停運搬走，發展商將牧場的土地發展成大型私人屋苑，亦即現時的置富花園。許多舊建築均被清拆或遭到荒廢，僅餘少量得以保存。倖存下來的牛奶公司高級職員宿舍，2009 年 12 月獲評為一級歷史建築。明愛成功獲選活化該舊宿舍，並特意取了薄扶林的古名「薄鳧林」，為項目命名為「薄鳧林牧場」，凸顯當地悠久的歷史。

老村民自給自足

不過，牧場停運後，不少村民頓失經濟依靠，令村子只剩下老弱留守。現時這裡只剩下老舊石屋、鐵皮屋、幾家舊式店舖和菜田，約有 200 多戶村民居民。熱鬧程度，已大不如前。

不少村民仍在種瓜種菜，有人連引水道都唔放過，種滿西洋菜和荷花，最厲害是老一輩會自己種煙草，炒香後用來捲煙呢！

村民很少在外面買生果的，要吃甚麼生果就自己種。仲有啊！他們會把收成煮成果醬後會派給街坊，這裡的鄰里關係很好，無分彼此，有甚麼好吃的食物都會分享給鄰居。

守護薄扶林的神靈

薄扶林村除了「薄鳧林牧場」，還有很多打卡勝景值得大家留意。

這裡有一位獨一無二的守護神，守護著薄扶林，祂的名字叫「李靈仙姐」。這座兩層約 5 米高的靈塔，就是為祀奉李靈仙姐而建，名為「李靈仙姐塔」。靈塔估計建於 1916 年，主要由紅磚砌成。過年過節，以及每年農曆4月15李靈仙姐誕辰，塔前都會有祭祀儀式。

百年舞火龍文化

每年中秋節，薄扶林村都有「舞火龍」的傳統，至今已有超過100年曆史。

舞火龍是香港傳統文化活動之一，每年中秋節港島大坑、薄扶林村都有舞火龍的傳統習俗，村民一邊敲鈸打鼓，一邊舞動插滿線香的巨型龍珠，祈求上天降福解災。

火龍先到村內的土地壇前進香和敬禮，然後沿著馬路經天橋跨過對面小山，再下斜路到西國大王廟進香和敬禮，之後返回村口，結束第一次的出遊。村民陸續為火龍重新插香，然後入村為村民祈福，火龍每到村民門前，都會高呼擂鼓，龍頭逐一向村民居所鞠躬3次，祈求大家身體健康，村民會回報利是一封。龍隊返回村口稍事休息，村民繼續為其更換新的香枝。接著，再次出發，這次換上年青村民，他們先在馬路上舞動龍身，然後再入村祝賀剛才未經過的地方。之後沿薄扶林道下行，轉入域多利道到達華富邨，一直前行到海邊，把火龍放入海中，整個儀式也結束了。

村民出難題考驗舞獅隊

除了中秋節村民會舞火龍，在農曆新年，村民都會自發性地搞大型舞獅活動。

他們會出動舞獅、打鑼打鼓，遊村3、4小時。村民在村口點睛後，會先到李寧仙姐塔，再到西國大王廟拜神祈福，之後才返回村口開始遊村，跟村民拜年。

舞獅隊要穿過各橫街窄巷，真的很考功夫。這還不止，村民仲要刻意考驗舞獅隊的功夫，例如要他們採青，其中，『椰子青』難度很高，村民會把椰子放在高竹上，舞獅隊要攀到高竹頂把椰子弄下來，再一邊舞動獅頭，一邊把椰殼打碎，少點功力都唔得！

薄扶林村成文化遺產監察名單

有一項很重要的資料要告訴大家，就在 2013 年 10 月 8 日，世界文物建築基金會公佈了列入 2014 年監察名單的文化遺產項目，當中，薄扶林村成為唯一入選的中國文化遺產，亦是香港首次有文化項目列入被監察名單之中。

林村被列入監察的名單，顧名思義，就是要國際社會關注薄扶林這個地方，希望提醒當地政府，確保這塊遺跡免被破壞，得以保存下來，不要因都市發展而令它消失。名單本身沒有法律效力，但目的是喚起社會人士的關注。

不過，香港寸金尺土，薄扶林村該片地皮位置絕佳，面積廣闊，目前不僅政府有意清拆，地產商更虎視眈眈。這條古村壽命有多久，不得而知。

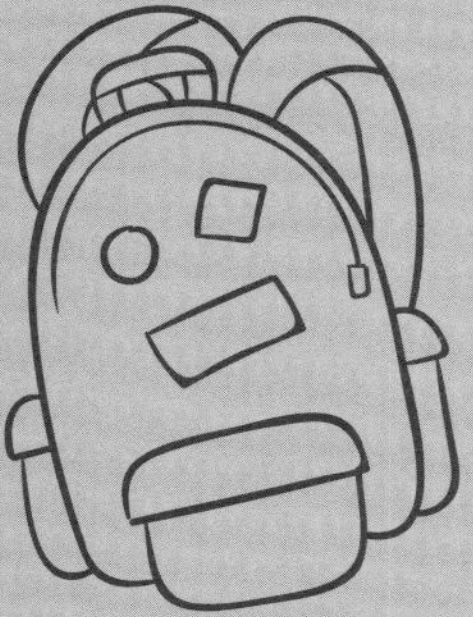

Part 02

式微行業

奉獻在傳統行業的「守業者」，往往因找不到接班人，而忍痛見證著行業的消失。

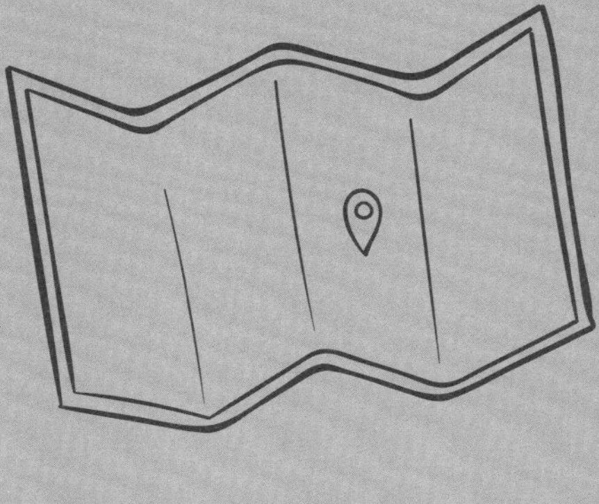

通花趟閘

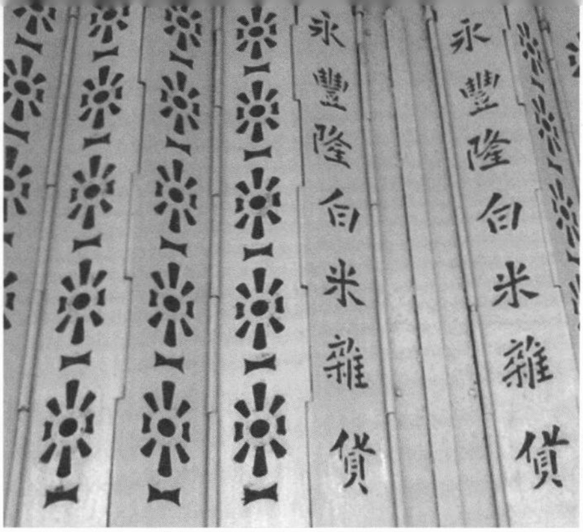

225 likes

通花鐵閘刻上店鋪的名字，當賣廣告。

走入深水埗、大角咀、上環等舊區，老店的通花鐵閘最吸引眼球。這些通花鐵閘大多已有五、六十年歷史，還懂得打造通花鐵閘這門手藝的師傅，全港只剩寥寥幾位。

回顧上世紀五、六十年代，不少店家都是前鋪後居，即是地鋪前面部分是做生意的地方，後面部分是一家大小的窩居。地鋪通常沒有窗，晚上地鋪一關門，就會把一屋子人密封起來。為了令居住環境更通風，當時店主流行請打鐵師傅在鐵閘上打出通花，即「鑿嘜」，又會刻上店鋪的名字當賣廣告。

七十年代，當時一般打工仔月薪幾百元，這道通花鐵閘造價就要一千多元，可見絕不便宜。

▲ 香港興起一股懷舊風，傳統的通花鐵閘阻位又昂貴，但卻充滿本土情懷，一些新式的文青店舖樂於使用，更推陳出新，在通花鐵閘畫龍點睛，塗上彩繪，傳統與新潮 Cross-Over。

▲ 左圖是傳統的通花鐵閘，敞開後，摺疊起來的鐵片也佔去舖面不少空間。在租金高企的今日社會，這樣阻位實在不合符經濟效益；反觀右圖的新式拉閘，拉上舖頭後就搞掂，造貨成本又輕，難怪傳統的通花鐵閘漸被淘汰。

254 likes

舊式涼茶舖會用大銅鼎、大銅葫蘆來煲涼茶。

手打銅器

傳統打銅的手法，就是要求銅匠一錘一錘使勁地在銅片上敲打成形，加上打磨、拋光等工藝，一件精緻的銅器，就是銅匠時間、力度、準繩度和心思的心血結晶。

打銅業這一行最好景是上世紀 70 年代至 80 年代初，由於銅器傳熱快，當年不少酒樓和粥店都採用銅煲來煲水或煲粥。盆、爐、壺、鍋幾乎都是銅造，大部分家庭會用銅具煲水、煮飯、用餐等，是家家戶戶的必需品。此外，銅有辟邪的風水作用，有人也會用銅來製作各式祭祀用品，例如香爐和油燈等。

雖然手打銅器耐用，但製作工序繁複耗時，價錢相對較貴。在上世紀 80 年代起，機製銅器、不鏽鋼、鋁質器材和塑膠物料成本輕，價錢平，在社會迅速普及起來，取代本港手打銅器的工業，手打銅器變成夕陽行業。今天買銅器的人不多，更不會有人願意投身這行業。

如果大家想親睹手打的銅器，可以到舊式的涼茶舖尋找它的蹤影。原因是本港有些舊式涼茶舖仍會用大銅鼎、大銅葫蘆來煲涼茶。香港地方寸金尺土，銅鼎、銅葫蘆畢竟太佔地方了，很多新式涼茶舖已不再使用。

趣味知識

香港有很多手打工匠，「手護」著傳統工藝的光輝。其中白鐵信箱曾經一度很流行，幾乎家家户户要收信都靠佢。白鐵價廉物美，耐用又防火，在表面鍍上一層鋅仲可以防鏽。

不過，隨住時代發展，曾經陪伴香港人度過唔少年月的白鐵信箱，而家已經買少見少。

考考大家，白鐵信箱通常都會雕上通花，其實係有咩實際用途？

開估啦！其實將白鐵信箱雕花的原因好實際，就係方便收信人一睇就知信箱入面有沒有信。

紅極一時的霓虹招牌

258 likes

在上世妃，霓虹燈是城市繁華璀璨的重要象徵。

在電影《梅艷芳》裡，製作團隊不惜花費大量人力物力打造一個充滿霓虹招牌的香港街景，反映霓虹夜景就是上世紀八十年代香港的標記。

霓虹燈並非香港人原創，歐洲早在十九世紀末已經出現，在上世紀二、三十年代上海已從歐美引入並普及，到五十年代開始傳入香港，很快盛極一時。

為甚麼霓虹招牌傳入香港後，變得如此火熱？原因是香港經濟在上世紀五、六十年代高速發展，人多車多，高樓大廈又密集，又越起越高，令香港變成一個石屎森林。為了吸引顧客，商店招牌除了越做越大，更要越掛越出，再加上光芒耀目的霓虹燈，務求令油麻地居民都可以見到尖沙咀的商廈在賣甚麼產品。

加上香港早前的夜生活多姿多采，匯聚了大小夜總會、歌廳、娛樂場所，霓虹招牌越巨大，代表自己生意越好景，因此，這些娛樂場所的老闆都願意花錢打造門面，絕不可在行家面前丟人現眼。

可惜從 1990 年代開始，技術容易和成本便宜的 LED 招牌迅速取代霓虹燈，吸引很多新開店鋪或小商店選用。加上發生多宗舊招牌墮下傷人的事件，政府下令清拆有潛在危險的招牌。霓虹招牌有保育價值，但都難逃被送去堆填區的命運。

加上人們習慣利用手提電話搜尋喜愛的商店，根本不用在街上透過搶眼的霓虹招牌來尋找店鋪蹤影。店鋪寧願花錢在網上做宣傳，也不會再投資製作霓虹招牌。筆者相信，不出數年，霓虹夜景將成為香港的「歷史」，大家要在昔日相簿才能尋回這段「舊故事」。

趣味知識

霓虹光管已買少見少，現在大家在街上見到的發光招牌，其實是LED燈（如下圖）。LED招牌是由細小燈泡所組成；霓虹光管是由玻璃光管屈製而成。LED招牌的維修費用比霓虹招牌低，因為霓虹招牌需定期檢查，而且當損壞時需整支光管更換，不像LED招牌般只更換損壞的燈泡。

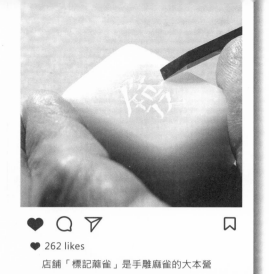

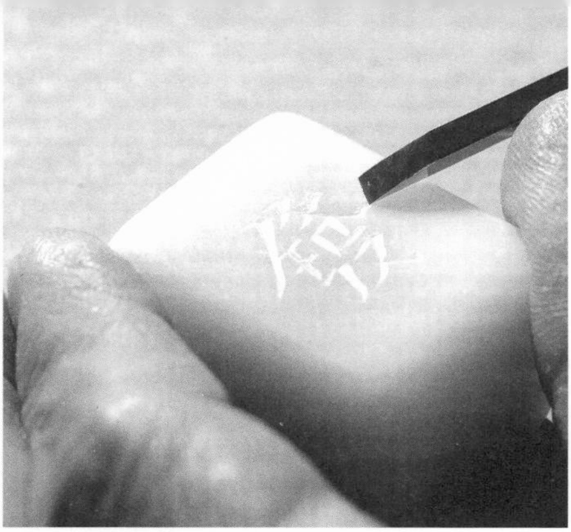

262 likes

店鋪「標記麻雀」是手雕麻雀的大本營

手雕麻雀的美好風光

打麻將是極受歡迎的消遣活動，幾個親戚、同事或朋友圍坐一起打返幾圈，一邊聊天，一邊吃點心，人生一大樂事！上世紀六、七十年代初期，人們除了在屋企打麻雀，有時更會外出到麻將館與陌生人對玩，希望從中贏大錢。部分規模較大的店鋪甚至會高薪聘請師傅長駐店內，天天手雕麻雀，以補充貨源。

好景不常，八十年代起，雕刻麻將的機器誕生了，取代了人手雕刻的技術，加上有自動洗牌和疊牌的麻將機，直把手雕麻雀的行業趕上絕路。

據一些老行尊憶述，在黃金年代，一天要雕三副麻雀；現在一年才兩、三副。機雕麻雀當道，這個曾經風靡一時的傳統技藝已無人問津，目前全港只剩下三位手雕麻雀師傅。而最欣賞這門手藝的顧客，大部分是外國人。

手雕麻雀，一點也不簡單！二、三、四筒子的紋理不一樣，各有專屬的刻刀；萬子，要用另一套刻字的刀具；索子的刀，也是與別不同。師傅刻好麻雀的圖紋後，擦上白石粉，再逐一上色，待色澤乾透，就去除多餘的顏料，大功告成。雕 144 塊麻雀，要足足一個星期時間。每一下都是千錘百鍊的手藝，目前一副手雕麻雀需要 4000 港幣左右，扣去材料費，手工費才 2000 多元，真係辛苦錢！可見每一蚊都是工匠的血汗和心機。

近年本港吹起懷舊風，令手雕麻雀起死回生。不少客人要求自選雕刻，麻將上不再是雕筒子索子，而是刻上心意字句或喜歡的圖案，例如「最佳老婆」、「最強媽媽」等，用來送禮。沒落中的手雕麻雀以創意字句「重新出發」，可惜店鋪仍難逃結業命運。

手雕麻雀

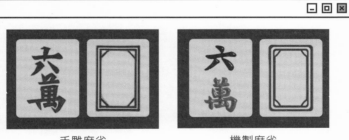

機製麻雀

你能猜對上圖中哪隻是手雕麻雀嗎？
仔細一看，從字體和雕刻深度上看，手雕麻雀與機雕麻雀確有差異。

手雕刀是方角的，邊角位不像機械雕製般圓潤，因此，手雕麻雀的字體邊角較尖銳。

此外，手雕的麻雀雕刻深度會較淺，大家可從可看到師傅的筆法和一些人手製的微小瑕疵，使每隻麻雀變得獨一無二。

264 likes

香港僅存鎅木廠告終，工匠心血付諸流水！

付諸流水的鎅木廠

擁有逾 70 年歷史的「志記鎅木廠」， 1947 年在北角渣華道起家，直至 1982 年落戶上水古洞。一直以來，師傅將原木鎅開，為建築公司、傢俬行提供原材料。但內地低廉的租金和人力成本，令香港的鎅木行業失去優勢。加上，港府推行「北部都會區」計劃，積極在新界東北發展收地，這所碩果僅存的鎅木廠正式劃上句號。

在時代終結的倒數歲月裡，「志記鎅木廠」店主積極開辦工作坊，教授年輕一代認識木的價值及工藝，讓他們嘗試親手製作木器，例如椅或木櫃等；又開放木廠予中學生、大學生參觀內部運作，希望更多人知道香港的木廠曾有一段光輝歲月。

關於「志記鎅木廠」，有兩段有趣的小故事：

還記得山竹暴風橫掃香港，那年，香港軒尼詩官立小學的一棵老樹被狂風吹倒了，那大葉榕有超過一百歲，陪伴了一批又一批師生成長，大家都不捨得將老木送到堆填區。校長情急智生，把大樹運到鎅木廠。兩個多月後，經老師傅的琢磨，一整條粗壯的大葉榕樹幹，搖身一變成多張手感光滑的木椅子，廢木重生，並重返校園，繼續服務大眾。

2014 年，灣仔碼頭拆卸，時任環境署環境保護主任決定將百多條防撞木回收再用，「志記鎅木廠」經過一輪鎅木和打磨，再交給本地藝術家設計成傢俬，目前已成為屯門 T Park cafe 中的型格桌椅，更獲得日本設計大獎呢！

趣味知識

你知道志記鎅木廠的路走得有多艱辛嗎？

至 1947 年開業到至今，總共經歷 4 次大搬遷，從北角渣華道到柴灣，再到 1982 年遷移現時的馬草壟。後來，木廠為尋求新出路，決定轉型，改為回收本地木材加工。志記鎅木廠的發展道路迂迴曲折，最終也敵不過社會的發展，與我們告別。

271 likes

柴火的煙燻味道令食物更美味

柴火月餅

粉嶺有一家鄉村士多：仁利餅家，鎮店之寶就是香港碩果僅存的柴火蓮蓉、手做月餅。餅家位於粉嶺軍地，地方相當隔涉，但識貨之人都會從荃灣、葵涌、元朗等地老遠過來購買。

用柴火煮蓮蓉，火力難控制，在坊間已成絕響。但老店仍堅持著。每逢中秋前夕，店家就會總動員，先用滾水灼熱蓮子，去皮後煮至腍身，用機器壓成蓮子蓉。接著，用柴火煮製蓮蓉近三小時，其間要不斷留意火力和時間，以防燒燶蓮蓉。煮好的蓮蓉要在室溫的環境下放一星期，之後把蛋黃包入蓮蓉內，搓成球狀。薄薄的餅皮包入餡料，放入月餅模，大力按壓，用力一敲，推出月餅。最後放入焗爐，焗半小時，令人齒頰留香的柴火月餅就誕生了。

上世紀六十年代，是仁利的黃金歲月。當時軍地一帶工廠林立，非常興旺，為了應付糕餅麵包的龐大需求，店主半夜兩點就要起床搓麵團。及至九十年代，大量工廠北移，軍地一帶的工廠陸續搬走，年輕的居民也紛紛遷出，現在軍地已成「老人村」。軍地人口大幅下跌，仁利的生意亦大不如前，但傳統手藝卻沒有隨歲月而減褪。

比起機器大量生產的月餅，柴火月餅多了一份人情味。店主對手藝抱著一份執著的職人精神，令人敬佩，但願這份匠心能承傳下去，不被歷史洪流所淹沒。

竟然有燒雞鴨月餅？

順道說一件有關月餅的趣事：月餅一般的餡料，不外乎蓮蓉、肥豬肉、冬菇和鹹蛋黃吧！但上世紀的六、七十年代，月餅的餡料是超出你想像，蓮蓉、肥豬肉、冬菇和鹹蛋黃是基本，此外，還有燒雞肉和燒鴨肉呢！

趣味知識

為甚麼食家總是鍾意柴火烹調的食物？

原因有多個，柴火燃燒出來的火焰溫度比煤氣、天然氣等燃燒的火焰溫度要低一些，在燉、燜、煲、煮的過程中，柔和的火焰能讓食物的香味和精華逐漸釋放；而煤氣、天然氣剛烈的火焰則容易使食物精華流失。

另外，柴火灶是配合圓底鐵鍋一起使用的，圓底鐵鍋大面積被灶台包圍著，使食物受熱面積更大，範圍更廣；而不像煤氣爐只有鍋底受熱。受熱面積大使得食物受熱更為均勻，炒出來的菜更好吃。

而且，柴火是有香味的，部分炊煙可以形成特殊的調味料，柴火的煙燻味道令食物更美味，味蕾體會到食物另一層次的美味。

東方威尼斯 大澳

大澳水鄉是香港重點景點之一

大澳這個地方因為遠離市區，所以仍然保有香港舊漁村的風貌，甚至有人稱之為「東方威尼斯」，大澳世代以來都是漁民蜑家人的聚居地，他們以船為家，覺得只有在水上才有安全感，所以就在海床上以木材和葵葉建造了這些別具特色的住所了。不過隨著大澳的人口不斷減少，很多棚屋已經作廢了。而且自從二零零七年的一場大火之後，新型的棚屋已經用鐵皮及水泥柱取代了。希望木製棚屋這種特色建築可以一直保留，不要再遭受破壞了。

大澳還有「水上婚禮」！

「水上婚禮」是蜑家人的婚禮傳統，新郎會乘坐一艘小艇帶同果盒禮品等，搖到女家接新娘門。之後，新郎哥為新娘揭開面紗見親友，大妗姐陪同新婚夫婦參拜天地及拜祖先後，男家將新娘連同嫁妝物品，浩浩蕩蕩地送回男家。最後，新娘奉茶，老爺奶奶就會飲新抱茶，大妗姐則會在旁喃喃地說出吉祥語句，整個儀式要搞足三日三夜，非常大陣仗，不過這個習俗已經日漸式微了。

大澳美食蝦膏蝦醬

大澳另一特色是蝦膏蝦醬。蝦膏蝦醬是用古法炮製，不含防腐劑，成份是銀蝦和鹽。之前大澳人會自己出海捕銀蝦，先將銀蝦加鹽發酵 3 至 4 日，然後用石磨把蝦醬磨至幼滑。人手石磨蝦醬能把蝦油保留，味道更香、口感更滑。最後再把蝦醬放在太陽下曬約兩至三個月。

製作蝦醬首先要有充足的陽光和空氣，因此，在生曬期間，工人需每 45 分鐘攪拌蝦醬一次，要讓蝦醬充分接觸陽光；接著再將蝦醬鋪在柳條筐上，並分攤成薄薄的一層，放在陽光下一直曬。

蝦膏味道濃烈且鹹，不適宜直接食用，製作蝦醬的相關料理，例如蝦醬空心菜或蝦醬炒飯等，廚子都會先以清水將蝦膏稀釋，再加入蔥頭、蒜頭、糖，再入鍋炒菜。

不過自從政府禁止拖網捕魚之後，他們就再也不能自己捕蝦了，現在做蝦醬的銀蝦都是從內地購入，味道已經大不相同了。

趣味知識

為甚麼蝦醬只用銀蝦作為原材料？因為銀蝦活躍於鹹淡水交界，體型偏細小，不適宜放在餐桌上食用，反而用來秘製成醬，最適合不過。而且用銀蝦製作會帶有濃烈的鹹鮮香味，用來炒菜炒飯簡直是絕配！

竹昇麵蘊含著職人的手藝

食而忘返的竹昇麵

大家吃麵時一定會發覺，若果湯麵放久了，麵條會索走湯汁，發泡後的麵條變得乾澀溶爛，難以下嚥。但竹昇麵的特點是爽口，有韌性，放很久也不會吸走碗裡面的湯，麵條浸在湯裡面都不會軟爛。

「竹昇麵」是著名的廣東美食，但我們今天吃到的，有多少是真正用竹昇打出來的？

「竹昇麵」相傳起源自清末的廣州西關。做麵的基本材料只是麵粉、淨蛋及適量鹼水，之所以叫竹昇麵，是指製麵的方法，用一支 6 呎長的大竹竿，師傅單腳獨坐，用身體重力坐在長長的竹竿上「壓」出來，動作看起來像小孩子玩坐蹺蹺板，此工序行內術語稱坐昇、跳昇和連昇，目的是使麵糰更加密實有筋度，令麵條富彈力和不會發脹。這過程其實相當辛苦，單腳撐地，靠腰力往上往下壓，歷時半小時。若生意好，每天要重複以上工序，打麵三四次，體力和決心不可或缺。

用竹昇打好麵後，將壓平呈布狀的麵皮來回摺疊並過生粉，然後切成條狀，再執麵成團，就可以拿出舖面準備淥麵。

「坤記竹昇麵」是現時本港少有仍堅持手工製作竹昇麵的店子，該店更連續 5 年入圍成為米芝蓮推介的餐廳呢！由打蛋、撈粉、搓麵，再用竹昇壓麵，最後以不同刀器切麵，整個過程都在店裡的透明小工房即製，路過的客人除了嚐到這門手藝，還可以當傳統雜技一樣欣賞。

不過，機器做麵產量多、成本低，傳統人手做的竹昇麵成本高、產量少，不符合這急速又講求效益的香港社會，加上高昂租金，願意用這門手藝造麵的人買少見少，若下一代無人承傳，竹昇麵的手藝將會銷聲匿跡。

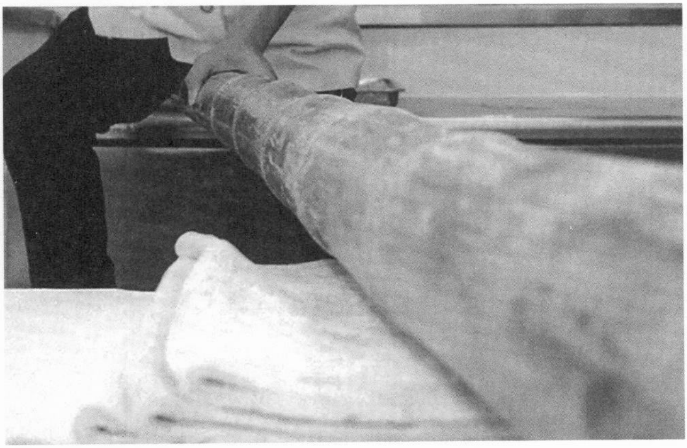

▲竹昇麵，是使用竹竿壓製的麵條，廣東人認為「竿」與「降」諧音，不吉利，因而改稱「昇」。

276 likes

每逢端午節會看到用鹹水草包裹粽子

環保至上的鹹水草

「我當你係寶，你當我係鹹水草！？」

當我們感到被輕視，就會用這句話來回敬對方。事實上，「鹹水草」費用非常低廉，唔矜貴，人人都買得起，用得起，它是上世紀五、六十年代街市檔販的恩物。

鹹水草的學名是短葉茳芏（Cyperus malaccensis Lam. var. brevifolius Boeck.），生長於鹹淡水交界，因此而得名。

今時今日，大家可能要在端午節包糭，才見到鹹水草的蹤影。但在五、六十年代的香港，人們對鹹水草的需求甚殷，它柔韌有力，不易移位，可用來綑綁蔬菜、紮糭和織帽，是昔日生活的必需品。每年從東莞輸入的數量超過十萬斤，西營盤是批發鹹水草的主要地方，而售賣鹹水草的店舖遍佈每個角落。

上世紀五、六十年代，是鹹水草的黃金年代，街市的豬肉、菜、魚等，檔販都會以鹹水草把它們紮起來，讓市民帶回家；就連銀行，都會用鹹水草把尺寸較大的鈔票紮成一疊疊。

不過，隨著膠袋日益普及，鹹水草漸被淘汰。你現在到街市或超市購物，店員都會用膠袋盛著產品，鹹水草幾乎消聲匿跡。

你會否因為鹹水草身價低廉，唔矜貴，而輕視它的作用？如果是，就大錯特錯。買食物講求新鮮，買豆腐講求不易爛。對嗎？以前的家庭主婦都懂得劏魚、劏田雞，她們會買定一些數量，在屋企養幾天才食用。用鹹水草綁著牠們，就能保持海產新鮮，到吃的時候仍是新鮮魚和新鮮田雞。試想一下，如果改用膠袋包一尾魚，不一會兒，魚兒已被焗壞。又以買豆腐為例，以前的報販會把報紙包成漏斗形，一磚豆腐放入紙漏斗，用一條水草紮著頂部開口處，讓市民拿回家。拆開報紙，把豆腐放鑊一煎，堅韌不爛。秘訣是報紙已吸走多餘水分，豆腐變得更堅挺好吃。

可惜，現在懂得欣賞鹹水草的人寥寥可數，在街市懂得「鹹水草紮餸法」的檔販，更加少之有少。在西環可能只剩下最後一間的鹹水草批發商。以前全港每月共賣出十萬斤鹹水草；反觀現在，每月只賣出約六千斤鹹水草，可見市場萎縮得相當厲害。過多十年八載，新一代可能連它的名字也叫唔出……

街邊的大牌檔風情

在大牌檔，能吃出香港地道風味。

「大牌檔」，是香港獨特的飲食文化，很多外國人都慕名而來，就是想品嚐「大牌檔」即叫即炒、夠鑊氣和價格平的風味。究竟「大牌檔」因何出現？大家又知道「大牌檔」如何得名嗎？

大牌檔與二次大戰有關？

「大牌檔」的出現，要追溯到上世紀四十年代，二次大戰之後，不少公務員因工傷致傷殘或死亡，政府為減輕他們的家庭負擔，便發出「大牌檔」小販牌照，牌照費不高，亦不需租金，好讓他們在公眾地方經營熟食小攤檔，以維持生計，所以當時的大牌檔是殉職公務員家屬和戰俘遺屬的經濟依靠。後來亦漸漸包括基層大眾，譬如有很多小孩的家庭，經過背景審查後，合符資格就獲牌照可經營熟食檔維生。

在全盛時期，本港有近三千多個「大牌檔」，遍佈香港大街小巷，廚師一般技藝精湛，推出的食物款式多元化，夠鑊氣，價格又平，故深受市民歡迎，成為了五十至七十年代市民主要的飲食地方，亦形成了香港獨有的飲食文化。

至於「大牌檔」如何得名，要由 1921 年講起，當時政府設立了「小販牌照制度」，小販牌照分為「固定」與「流動」兩種牌照，「固定」的稱為「大牌」，「流動」的稱為「小牌」。於五十年代，政府把「大牌」與「熟食固定攤檔」二合為一，發出牌照規管熟食固定攤檔，牌照的紙張面積較大，檔主需把牌照張貼於當眼位置，因此擁有大牌照的檔口就被稱為「大牌檔」。

綠色外衣包著的「香噴噴鑊氣」

「大牌檔」一般以鐵皮搭建，是一個高 10 尺、面積為 6 尺乘 4 尺的綠色鐵皮檔，麻雀雖小但五臟俱全，煮食爐具、廚具、食材、木板桌椅、帆布簷篷一一俱備，開檔時就將寶箱打開，變身廚房，熊熊火光下炮製美食；關門時，則把所有架生收好於鐵皮箱內。

全盛時期，「大牌檔」由中環發展至灣仔、大坑，甚至九龍深水埗石峽尾一帶，百花齊放。售賣的食物除大家熟悉的鑊氣小炒外，還有白粥油炸鬼和雲吞麵魚蛋粉等，食客更可按自己口味向店主作出要求，例如「多蔥、走油、加底、加色」，熟客一句「例牌」，店主亦心領神會，自動自覺奉上他們食開的餸菜。

大牌檔和冬菇亭有何分別？

不過，大牌檔一直存有衛生問題。須知道，光顧大牌檔，食客一般要坐在街邊進食，沒有冷氣、沒有可供遮風擋雨的穩固上蓋，最多只有由帆布搭建的假屋簷。雖甚有風味，但新鮮食材常與用膳後的碗筷混在一起擺放，容易交叉感染細菌。在六十年代，香港曾經缺水，令衛生情況變壞，導致疾病傳播。而且，大牌檔常營業至深夜，雖然熱鬧，但同時衍生噪音滋擾，影響附近民居的生活。

於七十年代，政府開始停止簽發新牌照，以現金收回牌照，誘使持牌人交回牌照。同時，在興建新街市時預留一個樓層用作「熟食中心」，讓大牌檔遷移至熟食中心內繼續經營。此外，在屋邨興建熟食亭，把部分大排檔集中在同一地方，分別售賣不同的食物。這些熟食亭簷頂以紙皮石鋪成，可遮風擋雨；簷頂中央設有一凸出的拱形排氣口，有助煮食產生的油煙熱氣由上升排走，由於其下窄上闊、中央拱起的傘形造型酷似一顆冬菇，故熟食亭又名「冬菇亭」。

大牌檔 VS 大排檔

經過政府一番整頓，據統計，直到 1983 年 12 月為止，797 個大牌檔牌照已收回 307 個。之後透過自然流失，以及大規模遷入政府街市裡的熟食中心或冬菇亭，以及私人經營的商鋪，時至今天仍在街邊擺檔的大牌檔近乎絕跡。

▲冬菇亭

大家也許有留意，現在不少人會稱「大牌檔」為「大排檔」，但根據歷史記載，「大牌檔」才是正統名稱。

綠色鐵皮屋的外形，無拘無束地「踎大牌檔」、與街道融為一體的飲食風情，是香港市井生活的特色，也是本土經濟的集體回憶之一。如果大家想回味一下「重鑊氣」的經典味道，可能要到街市的熟食中心或冬菇亭，才能感受昔日大牌檔的風情了。

趣味知識

傳統大牌檔甚少以紙張落單，客人點菜後，結帳時按照碗碟顏色等算錢，由老闆直接收錢。有時客人想吃霸王餐，會悄悄把碟子收起，累老闆收少錢。

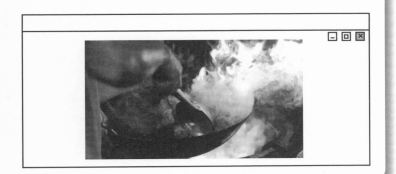

舊式上海理髮店的大風筒

一站式美容服務

在上世紀四、五十年代的香港，已有「一站式美容服務」，由剪髮、修面到洗頭，一應俱全，在哪裡？就是「上海理髮店」。

「上海理髮店」與新式的髮型屋不同，前者價錢相宜，還多了一份獨特的人情味，當時人們更將「去恤髮」視為知己朋友去街必做的潮流活動。

原來，「上海理髮店」的師傅大多來自揚州，並不一定來自上海。據說自四十年代尾開始，很多上海人南下做生意和生活，廣東人習慣把廣東以北的人統統稱為「上海人」，故令人誤以為上海理髮店的師傅全是上海人。

七、八十年代是上海理髮店生意的黃金時期，當時香港經濟起飛，人們更注重儀容，男士們喜歡到理髮店「梳油頭」、女士們則去電髮。當時部分上海理髮店更設有「男賓部」和「女賓部」，一般店舖面積小的理髮店，則只為男士服務。

據一些老行尊憶述，當年理髮椅旁邊擺著痰罐，客人會不時吐痰，學徒見客人「蓄勢待發」就要急急拿起來盛載和清理；還有煙頭，客人一進門，學徒就要遞支煙上前。

上海理髮店服務周全，除基本的洗、剪、吹和恤髮之外，還有剃鬚、採耳、修甲甚至「線面」等服務。他們熟練地三、兩下手勢把剃鬚泡沫均勻地塗在客人下巴和面頰上，然後有節奏地一下一下刮掉鬍子，那種乾淨俐落，決非一般電動鬚刨可以媲美。刮完鬚子後更鋪上一塊冒煙的熱毛巾，令客人舒服非常。

現時香港僅存的上海理髮店只有數間，如果大家想感受一下上海理髮店的特色，可以前去幫襯，親身體驗一下這與別不同的「一站式美容服務」。

趣味知識

你知道上海理髮店有哪些服務呢？

上海理髮店服務周全，除了理髮店基本的洗剪吹和恤髮之外，還有剃鬚、採耳、修甲甚至「線面」等服務。享受過這一站式的美容服務，真是讓人回味無窮、讚不絕口！

點心車是港人的集體回憶。

充滿人情味的點心車

「雞紮、燒賣、糯米雞……」，「有排骨、有鳳爪……和……」，此起彼落的點心叫賣聲，曾是茶樓必定會聽到的聲音。但在歷史洪流下，茶樓經營模式轉變，改為由客人填單、再由侍應送上點心，點心車和叫賣聲早已愈來愈少見，「圍著點心車搶點心」的熱鬧盛況已不再！

點心車一般分為「冷車」和「熱車」。

「冷車」是一般的手推車，主要擺放炸物或冷盤，如糖水、糕點。

「熱車」內則配有 gas 爐及水，把車裡的水燒開，然後通過蒸汽把車上的點心加熱，讓顧客們可以吃到熱騰騰的食品。

酒樓要特別安排人手控制點心車，四出叫賣，的確很花費人力。加上，點心車已有十多二十年歷史，維修費亦不少。因此，仍保留「點心車叫賣模式」的酒樓寥寥可數。

渠王廣告威震海外

286 likes

在食環署落力清洗下，要拍攝到「渠王」嚴照棠的真跡，難度越來越高！

香港有兩種傳統的書法塗鴉，大家或許曾在街上見過。一種來自九龍皇帝的曾灶財；另一種來自通渠的「渠王」嚴照棠！

渠王可謂不拘小節，甚麼東西都可以成為他塗鴉的樂土，包括水井蓋、行人路、石壆、樹幹、巴士站、燈柱、斜坡樓梯、馬路旁的石屎牆，他的筆跡遍及港九新界，擺明車馬要吸引人眼球。只要有人流的地方，就很容易見到他的真跡。

有人尊稱嚴照棠為「街頭藝術家」、「文字師」，甚至表揚他是下一個「九龍皇帝」，但嚴照棠毫不在乎。在他眼中，街頭塗鴉只是搵食工具，目的是希望透過這些噱頭，讓人更容易記住自己，招徠潛在的客人。

渠王的故事，其實和很多老一輩的香港人很相似。他從內地偷渡來港後，因為學識不多，只能由低做起。酒樓打雜、地盤工人、水電裝修學徒，通通做過，後來轉做水喉、渠道維修的工作。為了做多點生意，他曾把名字和電話號碼印在卡片上，然後把卡片塞到各家各戶的信箱裡，可惜被收件人棄如垃圾，完全喪失宣傳的效用。於是，他再接再厲，把自己的聯絡資料印成貼紙四圍貼，慢慢打開了客路。

某天，他在街頭看到不少跌打醫生的牆身廣告，深受啟發，於是有樣學樣，隨身帶備油漆和油漆掃，行到邊畫到邊，把自己的宣傳資料：「渠王通渠免棚 92263203」，寫滿大街小巷。即使多次被食環署職員逮捕罰錢，但他為兩餐乜都唔怕，繼續用自創的獨特書法方式宣傳自己的「業務」——上門替人通下水道。

在食環署眼中，嚴照棠也許是個麻煩人；但在不少香港人心目中，「渠王」塗鴉是難得的城市風景，是香港本土塗鴉文化的經典。他的大名，更威震海外，連美國有線電視 CNN 網絡，就曾把「渠王」塗鴉列為香港最值得打卡的景點之一呢！

288 likes

麥錦生是香港碩果僅存手寫小巴水牌的職人

手寫小巴牌的蛻變

港鐵的路線遍及全港九新界，大大收窄了小巴的生存空間，小巴的重要角色也不復從前。就連小巴的手寫字膠牌，也快要淹沒在歷史洪流裡。

早在電腦字大舉泛濫之前，小巴的車頭路牌是手寫的，以白色亞加力膠牌為底牌，橫寫的紅色大字代表終點站，最頂端是終點站的英文名，中間直寫的藍色小字代表中途站。乘客一看便一目了然。以「旺角」小巴為例，頂端第一行是「旺角」的英文譯法，「旺角」因為是終點站，要以紅色橫寫；途經的「先施」則以藍色直寫。有時為了方便乘客，又會刻意寫「別字」，例如將「觀塘」寫成「官塘」。

麥錦生是全港目前僅餘一位手寫小巴膠牌師傅。他 16 歲開始做招牌學徒，寫得一手好字是他謀生的重要技能。1978 年，麥錦生開始自立門戶，在炮台街街尾的樓梯舖替人寫店舖招牌。他店舖門口正是小巴站，司機看到他寫得一手好字，就請他幫忙寫小巴牌，一寫就寫了四十幾年，他的字跡自成一格，成為本港獨有的文化風光。

上世紀70、80年代是小巴生意暢旺的時期，紅Van（紅色小巴、公共小巴）無固定路線，加上又未有海底隧道，造就載客過海的小巴絡繹不絕的盛況。在1984至1986這兩年間，當時政府規定小巴由「熱狗」全改為冷氣小巴，幾千部小巴要轉車款，手寫小巴膠牌更加供不應求。麥錦生除了寫路牌，又會寫價錢，收費則以用「花碼字」標示。有關「花碼字」的趣聞，本書也有介紹，大家不妨讀一讀，了解一下。

可惜，行業的美好風光終久敵不過電腦字的魔力，當招牌字一個個變成了電腦字，手寫字漸漸式微。再者，當港鐵的「戰線」遍佈全港九新界後，小巴不再是港人重點選擇的交通工具，小巴行業日益沒落，連帶手寫小巴牌的需求大幅減少。今天仍會手寫小巴牌的人，恐怕只剩麥錦生一個了。

小巴文化資料館保育傳統文化

為了適應時代的變遷，麥錦生將手寫小巴牌變成禮品，以另一種方式示人。此外，又改變玩法，在白色膠牌上寫一些潮語，例如「成功出pool」等，吸引年青人的眼球，為小巴牌尋求出路。他還開辦「小巴膠牌書寫工作坊」，讓小巴招牌文化承傳下去。2021年開幕的「小巴文化資料館」，絕對值得大家前往參觀。透過豐富的相片和展品，大家可以進一步認識小巴的發展史和小巴文化。

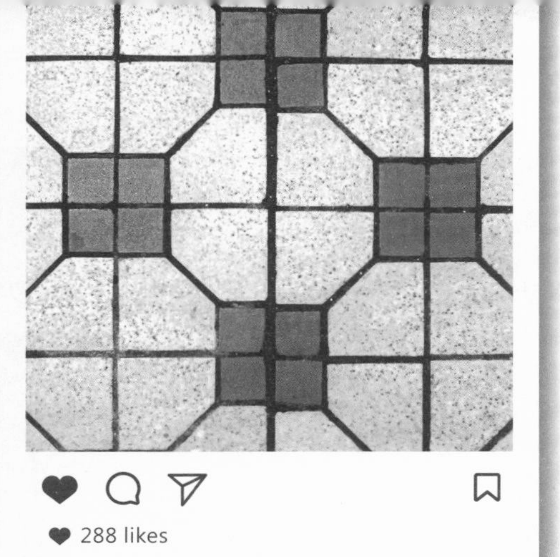

紙皮石極具美學特色

紙皮石藝術風

香港有一種建築物料細小而不起眼，集合起來卻成了一幅藝術圖畫。它的名字叫「紙皮石」。

紙皮石，到底是紙皮還是石？其實紙皮石只是俗稱，實際是由一粒粒小磚石組成。由於數十粒小磚石先黏在一張「雞紙」上，使用時再以水泥貼上牆壁。水泥乾透變成「石屎」後，將紙皮撕走，留下小磚石在牆上，故取「紙皮石」之名。

「紙皮石」大多呈正方形或長方形，也有正方形與其他幾何圖形的配搭，方便裝修師傅密鋪平面。「紙皮石」的磚粒體積小，方便鋪砌弧位，圓柱、長椅、欄杆，全部都是紙皮石可以派上用場之處。不少人選用均以美觀出發，故意用不同顏色的紙皮石拼湊在一起，令牆壁增添不少色彩。

即使紙皮石往後有所破損，一粒掉落，可以用另一粒平價的紙皮石補上，容易修補之餘成本又低，價廉物美，在上世紀 50、60 年代開始廣泛使用，成為普遍應用在室內外裝修的材料。

數到最有代表性的，不得不提港鐵站的設計，以前每個站的月台都有以紙皮石鋪砌的牆柱。不過，隨著車站全面翻新後，紙皮石逐漸消失，取而代之是外層更堅固的鋼板。

雖然紙皮石極具美學特色，但時間一久，會有風化、剝落等問題。為了防漏和防水，現今裝修師傅會改用更耐用的油漆和磁磚，省卻維修上的麻煩。加上，紙皮石需要用人手將每粒黏上牆壁上，變相需要的時間較長和功夫較多，客戶開始棄用施工成本較高的紙皮石。目前，大廈外牆、地板上大面積地使用紙皮石的情況近乎絕跡。隨著舊式建築物逐一拆卸，街上可見到的紙皮石款式越來越少。若你有天在香港某個角落發現紙皮石的身影，趕快拍照留念，為香港儲存好一幅藝術寫照。

▲隨著港鐵站全面翻新後，紙皮石逐漸消失，取而代之是外層更堅固的鋼板。你喜歡紙皮石設計，還是堅固耐用的鋼板？

292 likes

戲棚搭建技藝恐在半世紀內消失

戲棚的神乎奇技

戲棚，是一種以竹木臨時搭建的流動場所，用作上演「神功戲」或作宗教儀式之用，其最大特色，就是靈活多變，隨建隨拆。

海邊搭戲棚都無難度！

在洪聖誕、北帝誕、天后誕、太平清醮、盂蘭盛會等節日，許多地方均會搭建起神功戲棚。憑著一根竹、一條杉的交替，不用鐵釘和石屎，就能架起一個容納千人的穩固戲棚，即使在蒲台島的峭壁之上，戲棚仍能屹立不倒，這項建築技藝已被政府列入「香港非物質文化遺產代表作名錄」。

師傅們穿上防曬衣物後，隨身裝備有紮實竹木的膠篾、錐仔、鋸、鈎刀、鉸剪、紅筆等，繫著安全帶，就在棚上左右遊走，把竹和杉交錯，再用膠篾紮實，搭建成不同形狀的棚頂、看台、舞台、服裝間，以及供演戲人休息的兩層上下格床。戲棚工藝要求師傅精準的判斷力，因為竹與竹之間的間距，受力點的位置，每一個環節都憑師傅的經驗判斷，還要考慮對稱美學，遠比一般的建築搭棚要難得多。

香港的戲棚搭建技藝歷史悠久，有關戲棚最早的記錄出現在 19 世紀末。當時較簡陋，只是以棕櫚葉、葵葉、帆布或藤蓆覆蓋整個竹製支架而成，但這些物料十分易燃，容易引起火警。二次大戰後，部分搭棚師傅從廣東肇慶、東莞、寶安等地遷至香港定居，他們把技術與香港本地的戲棚工藝結合，經過改良，令戲棚工藝的水平大幅提升。戲棚搭建技藝最蓬勃時，本港曾有逾十間棚廠。

工作如生死時速

不過，現今戲棚搭建行業已不復昔日興旺，主因是「辛苦」二字。有幾辛苦？

搭戲棚全是戶外工作，日曬雨淋免不了，那種可怕程度不足為外人道。尤其是農曆七月盂蘭節最多戲棚要搭，天氣炎熱的程度直把搭棚師傅的瀝青鞋底都熔掉。惡劣天氣下照樣開工，當颱風把神誕戲棚吹塌，搭棚工人就要如生死時速一樣，總動員去修復，並如期交貨。工作環境如此艱辛，老行尊嘆入行者越來越少，自然流失者多，目前只剩下幾十人左右。若未來沒有新血加入，相信戲棚搭建技藝勢將在半世紀內失傳。

腐乳送飯是上一代基層市民的主要食法

上世紀的窮人恩物

你有多久無吃過腐乳？吃腐乳炒通菜唔計，要把腐乳作主菜，做來送飯伴粥才計數啊！大家看到此處，可能會大叫：「腐乳」是上世紀香港基層市民生活困苦的代表，現今新一代怎會吃這些舊物呢？

腐乳，是窮人恩物。如果你因為它價錢低廉，就輕視其工藝價值，就大錯特錯啦！

早在 2000 多年前的魏代古籍中，就發現了腐乳生產工藝的記載，到了明朝時期，腐乳才開始大量生產起來。腐乳可以說是中國流傳數千年的傳統民間美食。

腐乳，是先將大豆製成豆腐，再用上不同的菌種發酵製作而成。腐乳有三大類，分別是「青腐乳」、「白腐乳」和「紅腐乳」。

「青腐乳」：俗稱臭豆腐，顏色偏青黑色，大家一定對它又愛又恨；

「白腐乳」：外觀偏白色，以桂林腐乳較著名，上世紀的窮人恩物就是說這種；

「紅腐乳」：俗稱「南乳」，它的外觀為紅色，是用紅曲發酵製成的豆腐乳，目前有很多菜色都會大派用場，例如南乳花生、南乳豬扒等。

近年，多位料理界的有心人把純手工製作的腐乳推陳出新，撇甩腐乳古老的外框，蛻變成熱搶美食。得到他們的用心發揚，越來越多人重新認識及欣賞腐乳的美味價值，有外國人食客甚至把腐乳媲美芝士，說腐乳配紅酒一流呢！

小知識：腐乳製作過程

Step 1. 浸黃豆

Step 2. 把黃豆磨成豆漿

Step 3. 煮滾豆漿

Step 4. 撞入酸水，令液體半凝固，形成豆腐花。

Step 5. 用重物壓著豆腐花，迫出水份，變成豆腐。

Step 6. 把豆腐切成麻雀般的大小，再一粒一粒拼在板上發酵一至兩天。

Step 7. 把豆腐整齊入樽，加入低酒精水份的酒，發酵五至六個月。

解讀傳呼機的訊息密碼

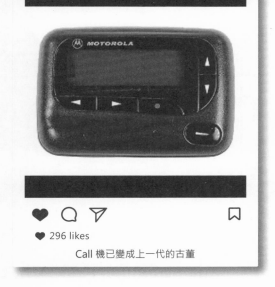

296 likes

Call 機已變成上一代的古董

現今人人都用 WhatsApp、Wechat 進行即時溝通，又會在 facebook 或 IG 社交平台分享自己最新近況，很難想像大家以前會用傳呼機（俗稱 call 機）來溝通。如果傳呼機收到訊息，會發出「嗶嗶」聲響，現在已很難聽到了，傳呼機彷彿已成了「清末民初」的古董。

上世紀七十年代：BB 機

在上世紀 70 年代，香港開始發展傳呼業，人們可以利用傳呼機互通訊息，初期的傳呼機只會發出「嗶嗶」提示聲，沒有畫面，俗稱為「BB 機」。「BB 機」一響，機主就要尋找附近有電話的地方，例如電話亭及茶餐廳，打電話到傳呼台「覆機」聽留言。接通傳呼台後，機主要報上傳呼機號碼及密碼，接線生就會告訴你是誰留口訊及訊息內容。

上世紀八十年代：數字機

「數字機」出現了！

發訊息的人同樣要致電傳呼台留言，但 call 台職員就會多了一項工作，就是把訊息化成數字串，才發送給機主。機主不用再打電話上傳呼台聽口訊，透過電訊公司送出的「代碼書」，就可以自行解讀數字串代表的意思。

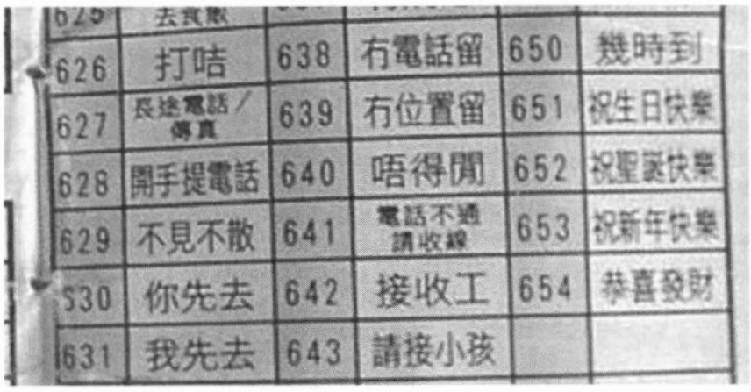

625	去食飯				
626	打咭	638	冇電話留	650	幾時到
627	長途電話／傳真	639	冇位置留	651	祝生日快樂
628	開手提電話	640	唔得閒	652	祝聖誕快樂
629	不見不散	641	電話不通請收線	653	祝新年快樂
630	你先去	642	接收工	654	恭喜發財
631	我先去	643	請接小孩		

▲舊式 call 機只發送號碼，號碼暗藏文字訊息。

例如：

583 代表「崇光百貨」

629 代表「不見不散」

615 代表「有急事」

6789 代表「請致電回家」

機主收到數字串，就會馬上 understood。

上世紀九十年代：文字機

直至在 90 年代，才出現中文機及英文機。傳呼台會直接顯示發訊人的文字訊息。不用再替數字解碼，而可以直接收取文字訊息，方便快捷，令文字機在香港大行其道。

在十年前左右，醫院內聯絡仍然是依靠傳呼機，因手機發出的電波會干擾醫療儀器，但目前儀器已推陳出新，受干擾的程度亦較低，現在連醫生都棄用傳呼機了。

紙紮工藝

300 likes

紮作由竹、竹篾、鐵線、紗紙及布料等物料製成

紮作，是一門歷史悠久的民間手藝。不論是中秋玩的燈籠、元宵節的花燈、還是喪禮上的金銀橋，都需要師傅一手一腳製作出來，紮作更在 2017 年被列入「香港非物質文化遺產代表作名錄」。紙紮用品可粗略分為節慶紮作、裝飾紮作和喪葬紮作：

節慶紮作：節日燈籠

節慶紮作具有象徵意義，例如元宵圍村點燈儀式用的燈，就以「燈」和「丁」諧音，用來象徵宗族內的新生男丁。神誕巡遊中運載神像的紙紮花炮，則是一所流動的神廟。此外，盂蘭節和圍村打醮時，都會紮起「大士王」等巨型神像，代表神靈降臨，參與醮會。酬神用的各種「神衣」，冠帽靴鞋，一應俱全，並依照帝王將相袍服樣式設計。此外，不同節慶大大小小的燈籠，亦是常見的節慶紮作，在中秋節佳節、元宵等，四處都掛滿燈籠來裝飾，為節日增添喜慶色彩。

燈籠的類型很多，有觀賞用的宮燈、走馬燈、祭祀用的炮燈、竹篾紙燈等，當然也有我們常見的中秋燈：楊桃、金魚和兔仔等不同造型。

裝飾紮作：大型花牌

紙紮工藝最經典的作品是大型花牌，主要用於節慶、婚嫁、新舖開張和就職典禮等。在長洲，市民更會將花牌用作公告之用，例如：旅行、通報婚訊、尋人啟事等等，成了當地人的傳統特色。

喪葬紮作：先人祭品

紙紮工藝亦見於喪葬儀式，這些紮作用品主要供奉死者，金銀山、金銀橋及仙鶴用來超渡亡魂，另有滿足先人過世後衣、食、住、行各方面所需的物品，包括衣箱、服裝、珠寶首飾、花園樓房等。近年隨著時代進步，更有不少新潮用品，如智能手機、平板電腦等。

紮作師傅運用竹、竹篾、鐵線、紗紙及布料等物料，紮成立體結構，經上色和組裝而製成各色各樣的紮作品。紮作工藝有五個重要工序。

「紮」：指用竹或鐵絲紮出骨架。

「撲」：是將紗紙分成小塊鋪於骨架上。

「堆」：是指紙品堆疊。

「寫」：在製品上描花紋、寫字。

「裝」：最後在成品上安裝絨球等裝飾。

不過，並非每一個紮作都要走完所有的工序。

紮作行業萎縮，承傳難上難！

在上世紀，本地紮作業興旺。當時紮作行業成立了工會組織，從 1920 至 1960 年代，本地報章不時刊載關於「港九油燭紙業扎作職工會」爭取工人權益的報導。

1940 年代末，不少內地紮作師傅南下來港定居，促進了本地紮作行業的發展。1950 至 1960 年代，香港紮作行業迎來最蓬勃的日子，以紮作技藝這門手藝謀生。曾有一段時期，香港紮作的獅頭、龍頭更遠銷至歐美地區，可見當時花燈紮作行業之興盛。

近年隨著時代變遷及城市發展，神誕及盂蘭勝會等節慶的規模日漸縮小；懸掛大型花牌的空間亦嚴重收窄，紮作品的需求不斷下降。加上面對內地廠房大量生產紮作品，本地紮作行業找不到新人承傳，生意又不斷萎縮，令本土的傳統工藝瀕臨失傳。

▲許嘉雄師傅手藝高超，他手造的單反相機紮作，幾可亂真！

109 likes

到大埔碗窰場，可看到以前香港出產的青花瓷器。

燒窰遊

陶瓷係咪好似搓泥膠咁？不是呢！把泥膠搓好成形後，吹乾即成；但陶瓷唔同，把陶泥搓好後，要放入窰爐裡，用1400 度以上的高溫來燒。1400 度以上的高溫？好危險啊！放心，好安全的！現代有特製微波爐，人們把搓好的陶泥夾放入去即可。反觀以前則危險得多，工人要穿好防護衣物，全身由頭包到腳，再用長身鐵夾，小心翼翼地把搓好的陶泥放到火熱的窰爐裡。

碗窰館大開眼界

早在清朝康熙年間，廣東長樂縣的馬氏一家來到香港，在大埔興建碗窰場；去到乾隆時期，碗窰場發展得很蓬勃，碗窰場造的青花瓷器更外銷到其他地方，包括馬來西亞。可惜，後來，國內陶瓷製作又平又多，大埔碗窰無生意做，1932 年就被迫停產啦！宜家在樊仙宮旁，有一座用碗窰村小學改建而成的碗窰博物館，下一代只可以透過裡面展示的遺物來想像當時的陶瓷風貌。

全港唯一陶匠的守護神

來大埔碗窰村，首先，一定要來樊仙宮拜祭一下。樊仙宮恭奉甚麼神像？樊仙是我國發明燒造陶瓷的祖師，本為樊一郎、二郎及三郎，三兄弟合稱樊仙，以前每位陶匠都會拜祭祂。

緬懷碗窰村的熱鬧

幾十年前每逢新年，碗窰村門外都會有粵劇表演，村民返晒來拜祭樊仙。宜家無喇。當年滿山片地都係燒壞的陶瓷。1983 年這裡被列為法定遺址後，很多人前來參觀，他們好似執到寶咁，離開時總要順手撿走地上的陶碎片，今日後山已光禿禿了，想執陶瓷碎去留念都無喇，大家只可以進入碗窰博物館緬懷一番啦！宜家用的全是現代工廠製的陶碗……青花陶碗已買少見少。

為甚麼青花瓷器的花紋都是藍色？

青花瓷器的工人會用含氧化鈷的鈷礦為原料，在瓷器胎體上描繪紋飾，再罩上一層透明釉，經高溫還原焰一次燒成。鈷料燒成後呈藍色。

那麼，青花瓷的花紋明明是藍色的，何解不叫藍花瓷，偏偏叫青花瓷呢？

原來，在中國傳統文化裡，青色是一個抽象的概念。比如青天、青草、青絲在這裡分別代表藍色、綠色、黑色。這也就是說藍色也可以叫青色。

燒窰生意曾經有個「小陽春」？

以前香港燒窰工業很興旺，家用碗碟都是這裡燒出來。但到 70、80 年代，出現了一個危機：法國同墨西哥有鉛毒問題，外國指本港的出品含鉛量超標，禁止入口，這決定對行業造成極大影響，很多做燒窰生意的工廠都相繼結業。

後來，大部分燒窰工人轉做裝飾用的彩瓷，不再局限只用藍色顏料製作的青花瓷器，誰知彩瓷大受歐洲人歡迎，仿清朝古瓷和粉彩瓷的訂單如雪花飛至，成功令行業轉危為機。最高峯時期，工廠有員工 300 多人，香港廣彩師傅數量多達千幾人。可惜，後來國內製造的彩瓷又平又多，香港的燒窰文化正式步入沒落的景況。

趣味知識

公雞碗在香港電影裡平民餐桌上經常出現的彩瓷器皿，特別是周星馳的電影，公雞碗簡直成了「固定班底」。早期的公雞碗全是手繪的，所以每一個碗的圖案都不同。隨著時代進步，器皿的印刷貼花技術發達，手繪的器皿逐漸被大量生產的印刷的方式取代。

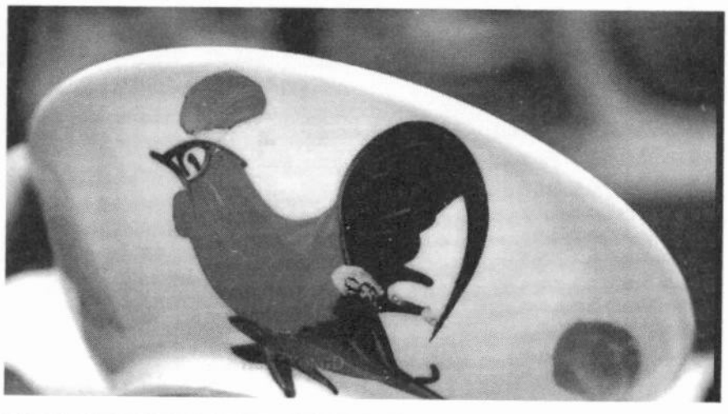

元朗絲苗曾遠銷歐洲

香港原來很有米！

農夫種米好辛苦，要彎身插秧、種稻子、收割、碾米，如果期間下大雨或刮大風，又或者有蟲鳥掠食，一年到晚的辛勞就會一夜之間白費哂。我們要珍惜每一粒米飯啊！

香港曾經原來很有「米」！

不說不知道，60 年代「元朗絲苗」遠近馳名，當中以「齊眉米」最出名，港產稻米也出口，每年會運往美國，供應當地華僑。以前元朗是一片平原，加上遍地魚塘，土地特別肥沃，種出來的絲苗，又靚又好吃，是香港名牌。「元朗絲苗」是老一輩香港人心目中的米王，但後來，老的老，死的死，後生一代又唔接手，元朗絲苗已消失了。後來，港人轉食泰國米，唔講都無人知原來香港曾經是魚米之鄉！

齊齊學做農夫

近年，一些環保組織想活化呢種傳統作業，在元朗嘗試種植稻米，非常成功，種出超過 2 噸稻米，一些私人農場有數千公斤的收成，不少農墟都有出售本地米。

環保組織希望延續「元朗絲苗」的歷史，更積極舉辦種米課程，在新界一帶教人種米，讓年青一代認識農村文化，以及珍惜農夫收成，包括稻米。

如果有興趣上堂學種米，或者購買本地米，可致電查詢：

1. 長春社：2728 6781

2. 綠田園：2674 1190

3. 馬寶寶社區農場 Mapopo Community Farm：https://zh-hk.facebook.com/mapopo.page

趣味知識

上世紀的老香港，「米舖多過銀行」，一條村總有數間米舖，生意很興旺，店舖員工由天光忙到天黑，店內更有專員替客人「溝米」，即是新米溝舊米。

當年種植採收的稻米就是「新米」，因為米粒內含水量充足，米芯軟且口感容易煮糊，因此無須浸泡就能烹煮。而隔年的「舊米」（前一年儲存的稻米），含水量不足，煮出來的飯較乾身。

新米較為黏身軟熟，若只是煮新米，整碗飯就會太濕；若混一些上季出產的舊米，軟硬就會適中，口感就剛剛好。春天濕氣重，會溝多些舊米；冬天乾燥，便放多些新米，平衡飯粒的軟熟程度。

現在食物品種多元化，不吃飯，也有其他選擇。結果，溝米的知識已缺乏市場價值了！

滿漢全席
109 likes
現在要品嚐真正的滿漢全席，難過登天！

失傳的滿漢全席

滿漢全席曾經在香港戰後乃至上世紀 6、70 年代風靡一時，在 1977 年日本有家電視台更用十萬元，在油麻地彌敦道國賓大酒樓（聯邦大酒樓前身）舉辦兩天兩夜、分四度進行的滿漢全席，全球各大媒體都爭相來採訪。拍攝好的節目，不僅在日本黃金時段播放，連美國哥倫比亞電視也全程衛星轉播，風頭一時無兩！當時汪明荃都是坐上客。

香港失傳的滿漢全席

點解叫「滿漢全席」？

滿漢全席是中國一種集合滿族和漢族飲食特色的巨型筵席，是祝賀清朝康熙 66 歲大壽時舉辦的。擺了 3 天，提供了300 多款佳餚，目的是化解滿漢不和。後世繼續這個傳統，再加入更多珍貴食材，令滿漢全席更奢華。

「滿漢全席」的食物很特別，名稱也很難記，傳統的「滿漢全席」共有108 道菜，有滿族和漢族的菜餚，選用「三十二珍」為原材料，分別為「山八珍」、「海八珍」、「禽八珍」、「草八珍」等等。

「山八珍」指駝峰、熊掌、猩唇、猴腦、象鼻、豹胎、犀尾、鹿筋；

「海八珍」指魚翅、大烏參、燕窩、魚肚、魚骨、鮑魚、海豹、狗魚；

「禽八珍」指紅燕、飛龍、鵪鶉、天鵝、鷓鴣、彩雀、斑鳩、紅頭鷹；

「草八珍」指猴頭蘑、銀耳、竹笙、驢窩蕈、羊肚蕈、花菇、黃花菜、雲香信……當時貨運不便，各種材料得來不易，更顯珍貴。

1977 年日本電視台舉辦了一場滿漢全席，雖然不及康熙年代的盛大，但都很豪華。當中的鍍金餐具及酸枝傢俬皆為全新訂製，僅訂製鍍金食具已花了 4 萬多元。至於環境的佈置、食具的搭配、菜名的寓意，亦頗具中國傳統文化古風。有色彩繽紛的五瑞獸、八大仙、三星公等工藝飾品，都營造出一種高雅的中國文化，使滿漢全席可以重現眼前。

據說，要成功舉辦如此盛大的宴席，酒樓共動用了合共 160 餘人，花上 3 個月籌備。食物有熊掌、象拔、貓頭鷹、海狗魚、龍躉皮等珍禽異獸，最罕有的是黑龍江鱘龍的魚腸。十萬元的滿漢全席，在當時 70 年代來說，金額足以購買一層 3、4 百平方呎的洋房，或足夠一個普通家庭的 10 年伙食。

109 likes

大家想嚐一口香港地道的玉冰燒嗎？

酒香不怕巷子深

提起本地釀造，相信大部分人都會想起手工啤酒。其實，香港製造的佳釀，有五加皮和玫瑰露，還有幾近失傳的玉冰燒，在洋酒搶佔本地市場之前，玉冰燒曾經風靡一時，是百姓常喝的酒品。

「玉冰燒」是一款加了肥豬肉釀製而成的米酒，酒精濃度較高，酒量唔好的人好易飲醉的！現時已是買少見少。

玉冰燒由肥豬肉釀製而成？

為甚麼叫「玉冰燒」？

在釀製「玉冰燒」前會先將一層豬肉和一層白糖，層層地疊加上去，稱之為水晶肉。米酒浸過肥豬肉後，會產生陣陣的豬肉香味，有人說因為水晶肉像玉，摸上去有點涼涼的感覺，所以就將這款用肥豬肉浸泡的酒叫作「玉冰燒」。

在上世紀 50 年代，玉冰燒因為價錢便宜，曾經風靡全港。後來香港經濟起飛，不少發了達的人便轉飲紅酒、拔蘭地這些洋酒，更覺得廉價的米酒上不到大場面。後來 80、90 年代內地改革開放，不少米酒湧入香港市場，香港的釀酒工業因難以競爭而結業。現在已很少人識飲「玉冰燒」了！

趣味知識

上世紀，香港有自家酒廠釀製「玉冰燒」，一些家庭更會自己釀酒，用甚麼材料來釀製？大家要有心理準備啊，筆者一說出來，大家肯定大吃一驚！

蛇酒、老鼠酒等據稱是具有固本賠元功效的大補酒，其中「老鼠仔酒」最令人可怕及匪夷所思！所謂「老鼠仔酒」，就是從穀物中找出還沒有長毛的老鼠BB，放入米酒，浸泡時間愈久愈有益，坐月的孕婦喝了，可以防止發冷。

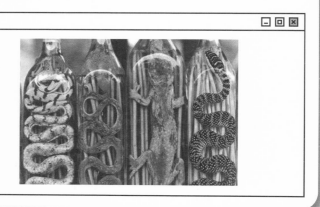

懷舊小食逐個捉

109 likes

綠色欖形鐵箱及賣欖歌，是一個年代的標誌。

香港有很多特色懷舊小食及零食，有一些已經失傳。即使有人推陳出新，翻新再造，但老香港的歲月已一去不返，大家也無法吃得出當年的風味。

不是「狗糧」的狗仔粉

「狗仔粉」是一種麵食，現在只有很少店鋪有賣了。狗仔粉是一種由粘米搓成的麵，隨著順德人一起「移民」到香港，模樣很像唐狗尾巴，所以就被稱作「狗仔粉」。

很多人覺得狗仔粉這個名字太俗氣，難登大雅之堂。不過這種低下階層的食品，在香港日佔時期卻曾經救過很多人的命！還有另一種說法是戰爭時香港出現物資短缺，人們沒甚麼東西可吃，故有救濟機構就把這些粉派發給民眾。那個年代生活很艱難，大家都很珍惜食物，才不會跟現在這一輩一樣，常常浪費食物，暴殄天物！

「菲林」都可以食？

芝麻卷是點心，大家以前叫「芝麻卷」做「菲林卷」。因為它的賣相黑色一卷卷，猶如菲林相機專用的菲林筒，所以大家戲稱它作「菲林卷」。這種點心因為工序繁複，許多茶樓已不再供應，或者索性改用機器製造。即使大家仍嚐到這款小食，相信味道大不如前，已失去傳統的「口感」了。

甜到入心的砂糖夾

流行於六、七十年代的「砂糖夾餅」，基本上已經失傳多年，很少人懂得做了，據知，油麻地有個小檔有賣，檔主坦言傳統的配方已經失傳，只能盡量貼近傳統砂糖夾餅的味道。

據說，「砂糖夾餅」的做法是用一個大平的生鐵鍋，下有燒得熾燒的炭爐，將發酵好的粉漿倒入生鐵鍋加蓋，不消數分鐘便可烤熟隨即起餅。加花生、芝麻、砂糖、椰絲然後對摺，一底可切八件出售。

會「飛」的飛機欖

「甘草欖」又稱「飛機欖」，最先出現於廣州，之後來到香港。是把橄欖用鹽及甘草等藥材醃製而成，甘草味濃，酸中帶甜，不容易變壞。在 1950 年代至 1970 年代，甘草欖的流動小販斜背著欖型的容器，在街上沿途叫賣。因當時的唐樓和徙置大廈高度有限，只得幾個樓層，居民索性從陽台扔錢給街上的小販，之後小販把甘草欖擲到指定樓層的居民手上，精準無甩拖，顯然訓練有素；而飛擲的過程好像小孩子放紙飛機一樣，所以有「飛機欖」的別稱。

小鳥啄啄糖

啄啄糖又稱為叮叮糖或噹噹糖，是中國廣東的一種傳統糖果，據傳是從廣州傳入香港，後來又流入馬來西亞。這種源自廣東的糖果，其以「啄啄」為名，是因為小販在售賣糖果時，需要用錘子及鑿將盆中的糖塊鑿碎，即粵語的啄碎，而敲碎糖果的聲音與「啄」的粵語發音相似，因而名為「啄啄糖」，流傳到廣東以外的地區則多稱為「叮叮糖」或「噹噹糖」。

啄啄糖本身為一大塊帶有芝麻和薑味的麥芽糖，質地堅硬。製作時候，首先需要把麥芽糖煮熔，加入其他材料後，不斷攪拌。當未完全凝固前，放在鐵枝拉成糖膠。最後把條狀糖膠綑綁成盤狀，再等候冷卻變硬。當售賣時要用工具敲碎。現在香港有些小販為了迎合年輕人口味，更會製作椰子、薄荷、朱古力、芒果、香芋和草莓等味道的啄啄糖，製作方法也改為使用機器製作。

止咳化痰八仙果

「八仙果」主要效用是止咳化痰，尤其對喉嚨很有幫助。包括單純感冒所引起的喉嚨痛、咳嗽，及抽煙導致的喉乾、喉痛症狀，八仙果緩解效果都不錯。很多靠把聲搵食的歌手、司儀等，都視八仙果為護嗓偏方呢！

黃金菠蘿包

菠蘿包，是香港最普遍的麵包之一，差不多每一間香港的餅店都有售賣。約於 2020 年，日本的頂級吐司專賣店「非常識」推出「台灣菠蘿麵包（台灣メロンパン）」。然而麵包外的酥皮實際上使用源於香港的做法，裡面只夾著一塊黃奶油，就聲稱是台灣地道美食，結果引起爭議，該麵包店後來澄清菠蘿麵包及菠蘿油都是源自香港。

長滿豆豆的砵仔糕

在 1980 年代的時候，砵仔糕只有一、兩種的口味。現在口味多樣化，有綠茶砵仔糕、南瓜砵仔糕、朱古力砵仔糕等等，還有食店推陳出新，嘗試用紫心番薯等材料製作不同色彩的砵仔糕。砵仔糕一啖一個，香滑彈牙，不過現在年輕一代，零食選擇眾多，很少會主動吃砵仔糕了。

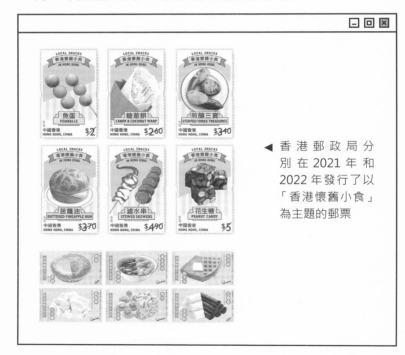

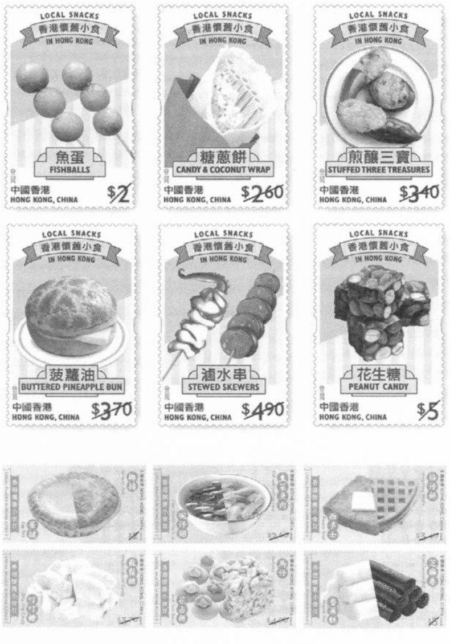

◀ 香港郵政局分別在 2021 年和 2022 年發行了以「香港懷舊小食」為主題的郵票

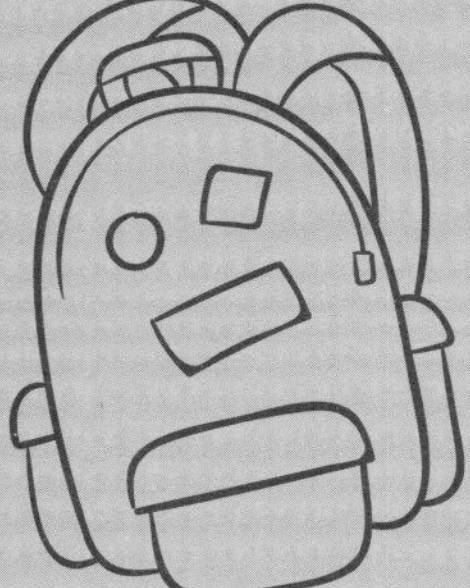

Part 03

消失的街道

在地圖上消失的街道，卻在人們記憶中留存下來。

302 likes

香港著名品牌「紅 A」紮根在新蒲崗

新舊蒲崗？

香港有「新蒲崗」，那麼有沒有「舊蒲崗」？

答案是有的！據說「蒲崗」始於南宋，由從福建莆田南下的林氏所建，因而得名。「蒲崗」即是「來自莆田的人居住的山崗」，位置大概是今天的鑽石山荷里活廣場一帶。後來人口漸多，「蒲崗」擴展到旁邊的竹園村，也是林氏後人的分支。

二戰時，日軍夷平啟德機場附近 20 多條村落，進行機場擴建工程，「蒲崗」（舊蒲崗）被拆毀。戰後，開始有商人在舊啟德跑道（現啟德跑道公園）一帶設廠，遇著上世紀 60 年代工業起飛，「蒲崗」及南面附近的地區慢慢發展起來，是為「新」的「蒲崗」，「新蒲崗」一名便沿用至今。

當時新蒲崗的工業很快起飛，製衣廠、紗廠、漂染廠，和以紅膠桶、膠杯、膠櫈仔聞名的「紅 A」牌，都是在新蒲崗落腳。

313 likes

舊街消失了，取而代是甲級寫字樓。

賣布疋聞名的永安街

中環的永安街已經消失無蹤，它當年的位置大概位於現今中環中心一帶，連接皇后大道中與德輔道中，是一條大約長三百米的短巷。在上世紀 90 年代之前，永安街以販賣疋頭聞名，又名「花布街」，是 1841 年填海而來的。

上世紀 60 年代，人們開始由唐裝改穿西裝，他們明白「先敬羅衣後敬人」，不論文員還是經理，生意人還是大學生，都會來永安街買布造西裝。就算不造西裝，也至少要造條西褲。他們對衣服非常講究，袖子與褲管的長度要剛剛好。

永利街幾乎每天都擠滿買布的客人，他們會買布料回家自己用衣車縫製衣服，又或者直接找店鋪的裁縫代勞。商鋪的貨品多元化，有棉布、絲絨、雪紡、尼龍、羊毛、駱駝毛和兔毛等。做西裝、買布縫衣的平民百姓都愛流連於此，貨如輪轉，買完布就跳上人力車，短巷擁擠，越過此街，有時需要花上一小時。

永利街當年非常興旺，除了多人在這裡買布造衫外，更是新年行大運的旺地。話說，很多人會在農曆新年走過中環永吉街、永利街、永安街、永和街等四條街，希望在走完這四條街後，在新的一年永吉、永利、永安、永和，平安大吉，事事順利。

可惜，90年代成為「永安街」的死期，這段路的建築物被一舉清拆，部分布販搬往上環法定古蹟「西港城」繼續經營。時至今日，布業式微，鮮人買布造衣，造西裝的師傅亦相繼退休，少有新人入行。西港城已再無昔日的花布街風采，雖然布料齊全依舊，但商店卻門可羅雀。

趣味知識

香港有多少條永安街？

其實，香港是有3條永安街：

第一條位於中環的「永安街」。街道以往連接住皇后大道中和德輔道中，因為重建而遭拆遷，街名已消失，位置大概在中環中心一帶。

第二條在離島區的坪洲，屬於島上最主要的商店街；

第三條位於大澳，同樣是當區的主要街道。

水族店林立的金魚街

313 likes

金魚街是「愛魚一族」的蒲點

在高昂租金下，港人很難生存，就連金魚都快要窒息。有人曾預言，「金魚街」最終會在貴租下消失。

「金魚街」位於旺角道至水渠道一帶，店主以售賣金魚及相關用品為主，所以這條街又稱「金魚街」。

追溯至上世紀 50 年代，油麻地火車站（鄰近今日的旺角東站）附近有很多小販賣金魚和紅蟲，其後轉至界限街及花墟道一帶。及至 70 年代中期，金魚店家認為該處不准於白天開業的規定不利生意，於是一起搬到固定的店鋪繼續經營，就是今天旺角道至水渠道一帶。在高峰期，金魚街開設了大量專營觀賞魚、金魚、錦鯉及水族用品和魚糧等的專門店，吸引很多「愛魚一族」駐足欣賞和選購養魚用品。

自從政府宣布推行「旺角街區活化計劃」之後，旺角金魚街的租金狂飈，有近三成地鋪被迫搬遷或結業。幾年後，金魚街也許會全部消失，香港又少了一個令人自豪的景點。

海味街

313 likes

到海味街買貴價海鮮，曾是富人地位的象徵。

英國人登陸香港之後不久，遂將華人安居於西邊街一帶，很快西環便成為香港華人最早的集市。

香港海味街的原名叫德輔道西，位於香港的西環。開埠初期，華人生活貧困，三餐通常以鹹魚青菜餸飯，在不足三百米的街道上，八成以上店鋪以賣鹹魚為主，當時海味鋪反而不多，直到幾十年前德輔道西一帶仍叫「鹹魚欄」，沿街多是四層高的唐樓，天台生曬鹹魚，地下為鋪面，中間住人，所謂「上宿下鋪」。後來香港在 60 年代經濟起飛之後，港人開始改變飲食習慣，在富裕階層出現了「魚翅撈飯」的豪奢景象，於是鹹魚鋪式微，「鹹魚欄」就逐漸轉成了「海味街」。現在「海味街」上有一百多間參茸海味鋪，售賣來自全球各地、種類繁多的海味藥材，包括乾鮑魚、乾瑤柱、乾花膠、乾海參等。現時在海味街上，隨便一家可能已有近百年歷史。

上世紀 70 年代開始，香港股市大升，造就海味生意非常暢旺。在 80 年代至 90 年代中，香港經濟起飛，大部份顧客購買海味都非常豪爽，他們回鄉下探親過年，都要在海味舖買上幾紥乾魷魚，或者幾斤蠔豉、蝦米，回鄉送人才夠面子。

一年中以農曆新年前市道最好，每逢新年，很多人過來買海味、藥材，臘味，令海味街水洩不通，其中又以冬菇、瑤柱、蠔豉、髮菜、乾鮑最暢銷。除了新年，五月端午節、八月中秋節及冬至，海味舖的生意都會特別好。

以往在「海味街」購物非富則貴，為身份的象徵，但時移勢易，新一代港人在飲食方面有更多選擇，若想顯示尊貴和派頭，也不一定要選海味及參茸。即使要購買海味及參茸，也可以選擇網購，也不一定要到海味街幫襯。今天的「海味街」，執吓一間，執吓一間，恐怕很快就被其他行業取而代之。

再者，烹調海味，要花上不少時間和心機。好似泡發鮑魚，相信只有四、五十歲的一輩才懂得做；煲花膠湯，要花一小時以上，有如此耐性的人已寥寥可數。有老行尊悲觀地形容，海味街已走入夕陽，難有新發展！

緬甸臺住了緬甸人？

314 likes

緬甸臺，與緬甸人完全無關？

本港有一條位於尖沙咀的街道，叫「緬甸臺」，是否有很多緬甸人住過，所以叫「緬甸臺」？

非也！跟緬甸人無關。

話說，德國中部有個城市叫「明登」（Minden），在上世紀 19 至 20 世紀初，有大批來自德國「明登」的居民聚集並居住在尖沙咀這條街道，這條街名漸漸被叫做 Minden Row，但中文名不是「明登街」，卻被譯作「緬甸台」。

後來，該處附近又開了一條新的街道，英國人順勢命名為「Minden Avenue」，不過，當時就採用了另一譯法，把「Minden Avenue」譯作「棉登徑」。

兩條街的英文名都叫「Minden」，但一個譯作「明登」，一個譯作「棉登」。這種同一個名字，兩種中文譯音的情況，在早期的香港非常普遍。

渣華道與爪哇島？

315 likes

「渣華道」與瓜哇的淵源

港島區有一條「渣華道」，早期叫「爪哇道」，指印尼爪哇島。

話說，1900 年左右，本港有一間公司名叫「爪哇輪船公司」，辦事處設於北角，並開辦往來上海、香港、雅加達、萬隆、泗水等地方的輪船航線。1933 年，開了一條道路（現址渣華道），政府便以「爪哇輪船公司」之名，將道路命名為「爪哇道」。1950 年代，政府大規模發展北角區，爪哇道被改名為「渣華道」。

趣味知識

在離島區域，大家會找到雞翼角、狐狸叫、泥鯭埔、雞屎竇這些稀奇古怪的「動物地名」，除了當地村民認識這些街名，相信都市人連聽都未聽過！

待街道徹底失去了，才懂珍惜？

已消失於地圖的街道

本港有很多街道已消失於地圖上，無法一一細數，筆者只挑選了 3 個較有特色的「遺物」，供大家緬懷一下：

1. 具歐陸風情的康和里

現在 K11 商場地面的休憩區和通道，以前叫「康和里」，該條小街原本樹影婆娑，低矮樓房甚有歐陸風味，可惜今天已找不到一絲痕跡。

在上世紀 6、70 年代，尖沙咀河內道大部分都以經營酒吧、食肆為主，故吸引很多抵港的外國海兵及外國海員在附近一帶消遣玩樂。加上政府在尖沙咀興建軍營及水警總部，又開始填出尖沙咀西部海傍作海運碼頭用地，使尖沙咀非常熱鬧，是外國人的「不夜天」。到了 2000 年，尖沙咀一帶重建，曾是外國人玩樂天堂的「康和里」街名在地圖上消失了，取而代之就是今天的「K11 大型商場」。

2. 賣鹹鴨蛋的永勝街

大家有無聽過一句老餅潮語：「去咗賣鹹鴨蛋」？

「去咗賣鹹鴨蛋」比喻人過身了，但「死亡」和「鹹鴨蛋」有甚麼關係？

話說，醃製鹹蛋時，除了用鹽外，還要加入大量牙灰，之後再用泥密封；而先人入棺前，同樣要在棺木下放大量牙灰。兩者過程相似，因而衍生出這句俗語。

以前，本港有一條「鴨蛋街」，全條街因專賣鴨蛋而享負盛名，它的現址就是今天的上環新紀元廣場附近，在由「鴨蛋街」全拆重建而成的。

以前在上環永樂街附近停泊了很多漁船，漁民需要大量鴨蛋的白漿來塗抹魚網絲，因而帶動了永勝街鴨蛋店的出現，全街約長百米，多是3層高唐樓，約有60間蛋行批發，各店自製鹹蛋。員工要佔用街上空間，將鴨蛋加工，製成鹹蛋或皮蛋。街道人來人往，人們一到永勝街，就見到鴨蛋滿地，於是把這條街叫做「鴨蛋街」。在高峰期時，曾經有超過50間蛋店進駐，並在此進行各種蛋類的批發，包括雞蛋、鴨蛋和皮蛋等，盛極一時。

不過中上環於90年代重建，上環的永勝街被拆卸，「鴨蛋店」從此消聲匿跡。當時的蛋行大多搬到西區副食品市場，時至今日，只剩下幾間老字號仍然營業。不過，很多老闆因年紀老邁，下一代又不接手，最終無奈地相繼結業。

說起雞蛋，大家懂得一眼分辨好壞嗎？老一輩香港人很眼利，只需用燈膽照一照，蛋黃能浮在蛋白中間，就知道是好蛋；若照出殼內有黑點，表示雞蛋不出數日即變壞蛋。

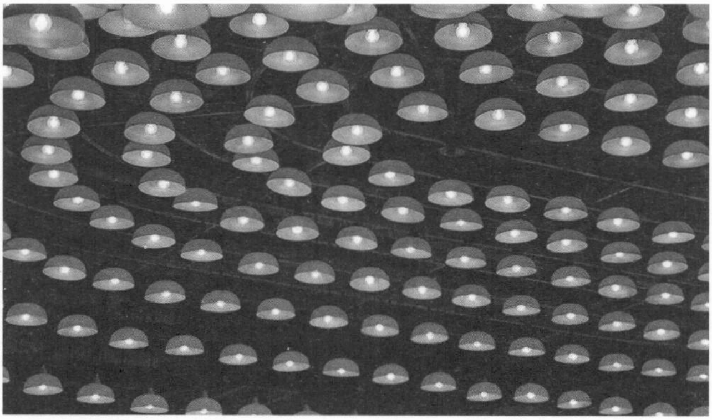

▲ 將雞蛋放在燈光下細看，若蛋白和蛋黃清晰可辨，即為好蛋，若蛋黃散開，則屬壞蛋。中環街市有一個大型的傳統「雞蛋燈」膠燈罩打卡位，紅色燈罩格外有搶眼。

3. 印刷集中地的囍帖街

利東街，位於香港島灣仔區，這裡曾經有大量婚嫁店雲集，當中更不乏喜帖印刷公司，故又名「囍帖街」。

在 1950 年代，香港政府將印刷店集中在位於灣仔南部，位於莊士敦道及皇后大道東之間的利東街，而這些小店逐漸發展各種形式的印刷品，例如信封、信紙和名片。1970 年代不少印刷店亦開始印刷各式各樣的喜帖、利是封及揮春等。1980 年代「囍帖街」在香港逐漸為人所知，許多即將新婚的情人都會在這裡訂製及選購囍帖。利東街作為囍帖街或印刷街的主題，是很多香港人採購印刷品的首選之地，甚至吸引不少外地遊客慕名而來，購買一些富有中國特色的印刷品留為紀念。它不僅是港人的集體回憶，過去更是旅遊發展局推薦的旅遊景點之一。

由於市區重建計劃，利東街的業權現已被收回，並已於 2005 年復歸政府所有。灣仔利東街重建後，重現眼前的利東街已經面目全非。目前印刷店絕跡，街上所有唐樓經已拆卸。過去的「囍帖街」現由豪華商場進駐，舊唐樓幾乎一掃而空，換來的是新建豪宅。

▲ 利東街曾經是香港婚慶專屬的「囍帖街」，活化後，現在匯集本地和外國特色潮流品牌，從美妝、文具、名牌廚具到服裝飾物都有。間中，更會在這裡舉辦各種文化活動和作者新書講座。

319 likes

香港街名背後的秘密

與本土工業有關的街名

香港很多街道都有段古，有些取自港督的名字，有些取自地理的形狀；有些則取自該地區居民主要的作業。

1. 洗衣街

「洗衣街」之所以得名，正正是「街如其名」，當年確實很多人在這裡洗衫。

追溯至上世紀 20 年代，旺角（早年叫芒角村）已由一個村莊經填海造地漸變成為一個具有多種不同工業的集中區域。洗衣街本來是芒角村一條水溪，當地婦女大多從事洗衣服的工作，賺錢維生。她們會上門到客人家取衣服，然後到水溪清洗，洗完晾乾、燙好之後，又會將衣物送回客人家中。後來，附近的街坊都稱這條小溪做「洗衣街」。

直至 30 年代，政府為了把水溪改建成道路，便將水溪的水源截斷。水溪不再，從此無人在這裡洗衫了，但這個名字一直沿用至今。

2. 黑布街、白布街和染布房街

旺角有 3 條街巷：黑布街、白布街和染布房街，它們街如其名，街名反映著昔日的香港舊貌。

早在 1940 年間，旺角（舊名為芒角村）已經由村莊變成工業集中地。由於在染布房街、黑布街同白布街一帶有很多染布工業，其中一條街就命名為「染布房街」。之後，多人晾曬黑布和白布的街道，就分別命名為「黑布街」和「白布街」。

3. 東方街、煙廠街

這兩條街也位於旺角，是由「東方煙廠」而得名。

1920 年代，「東方煙廠」是當時旺角規模最大的工廠之一，獨家代理來自菲律賓之呂宋雪茄煙及煙絲，再轉口到中國及東南亞等地。

到了 30 年代，東方煙廠關閉了。戰後，在原來煙廠地皮中興建道路，分別改名為「煙廠街」和「東方街」。

4. 炮仗街

炮仗街位於九龍城，1926 年命名的。

20 世紀初，香港有位「爆竹大王」陳蘭芳，在莞城製造爆竹、煙花，並大量出口。1916 年，經香港政府批准在旺角首設「廣萬隆公司」，獨家設廠製造爆竹，出口到北美、新金山（即墨爾本）、孟買、南非及東南亞一帶，銷路非常好，簡直求過於供。

陳蘭芳之後設廠於九龍城碼頭角北帝街，自建工廠一間，面積很大，工人達 1,000 人；那年代有上千工人的工廠少之有少。九龍城炮仗街是因為該處炮竹廠而取名的。

及後，他又在澳門擴充發展，獲利甚豐；到抗戰時，陳蘭芳已穩執全國爆竹製造業出口的牛耳。後來，爆竹業沒落，陳蘭芳才淡出市場。

5. 琴行街

曾福琴行曾經在這裡設店，曾福琴行於 1916 年成立，為亞洲區歷史最悠久的琴行之一，聲名響噹噹，街坊都稱這條街叫「琴行」，慢慢演變成「琴行街」。

6. 糖廠街

「糖廠街」位於鰂魚涌，因為 1884 年太古集團在該處成立煉糖廠而得名，煉糖廠叫「太古煉糖廠」。

太古糖業在香港已成立超過 120 年，早年太古糖業是全中國唯一的精糖製造廠商，也是世界上最大的煉糖廠之一：「太古糖」。

到了 1972 年，「太古煉糖廠」關閉，但太古的糖類產品在零售市場仍佔很大比率。

322 likes

開埠初期，港府把上環及中環一帶命名為「維多利亞城」，並於 1903 年豎立維多利亞城界碑。

反映割讓歷史的街道

香港有不少街道反映了英國殖民的歷史，筆者精選了其中三條，為大家上一堂歷史課。

1.「界限街」Boundary Street

1860 年，清朝政府與英國簽訂《北京條約》，將九龍半島南部一大半割讓給英國。1898 年英國政府根據《展拓香港界址專條》租借新九龍及新界。「界限街」就成為清朝與英佔香港的界線，清廷割讓予英國的土地以「界限街」為界線，此線以南為割讓地（九龍），以北為租借地（新界）。

1861 年 1 月 19 日英國正式接收界限街以南的九龍領土，當時此界線並非正式道路，原為一座小山，及後由於耕地不足，小山被夷平。到了 1934 年，為配合九龍塘發展，以及處理租界內外的地稅問題，港英政府便於此界線上興建一條道路，即是界限街。

2.「水坑口街」Possession Street

「水坑口街」原名「波些臣街」，英文是 Possession Street。

Possession 意譯為佔領，當年 1841 年 1 月 25 日，英國商務代表義律根據和清朝簽訂的《穿鼻條約》，指派海軍軍官卑路乍率領英軍乘艦隊登陸香港作先遣部隊，為正式佔領香港安排一切。

其實，英國海軍測量人員早已測定香港西面有一突出的高地，平坦而臨海，可作初期駐營地方，這塊高地位於一條流出海港的大水坑附近，即今日上環水坑口街西面的大笪地。卑路乍將軍率英軍視察過後，也同意選址在這裡登陸。

1 月 26 日，英國遠東艦隊支隊司令伯麥來港，正式在這塊高地舉行升旗儀式，並在海面鳴炮，表示正式佔領香港。

這條路是英軍佔領香港時開闢的第一條道路，英文叫 Possession Street，意譯是「佔領街」，中文則直譯為「波些臣街」。由於這條街旁邊有一條水坑流出大海，因此華人不稱這條街為「波些臣街」，而叫做「水坑口街」。

3. 中英街

中英街（英語：Zhong Ying Street/Chung Ying Street）位處沙頭角，由香港特別行政區和深圳市共同管理，為香港特別行政區陸上邊界一部分。街上中央豎立了界石，標明香港與中國大陸的分界。

由於中英街位於香港邊境禁區，中國大陸居民若要進入，需要申請邊境特別管理區通行證；香港居民若要進入，則需要申請邊境禁區通行證（俗稱禁區紙）。

你知道中英街用了多少個界石來分隔開香港和內地嗎？

中英街界石位於其街上正中央位置，有至少八塊中英邊界界碑：

第一號界碑：位於中英街歷史博物館附近；

第二號界碑：位於新界住宅小區對外，因修路問題導致界石傾斜了；

第三號界碑：位於香港新界的入口附近；

第四號界碑：位於中英街古榕樹下；

第五號界碑：位於中英街北段；

第六號界碑：位於中英街北段；

第七號界碑：位於廣東省文物保護單位的大理石石碑附近；

第八號界碑：位於中英街的聯檢橋下的河中。

以宗教命名的街道

325 likes

香港有不少街名充滿宗教色彩

香港華洋集處，中西合壁，從街名可見本港匯萃了不同的宗教色彩，百花齊放。

1.「摩利臣山道」Morrison Hill Road

「摩利臣山道」位於灣仔。1842 年，中英在南京簽訂了不平等條約，把香港割讓給英國人。開埠之初，傳教士認定這是個傳教大好機會，當時，倫敦教會在 1842 年 2 月通過決議，並致電給當時香港第一任港督砵甸乍，向他要一塊土地用作建造教堂和學校。不久，教會就在當時的摩利臣山興建了馬禮遜英華學校 Morrison Anglo-Chinese School，就是最早的西式學校，也就是香港第一間英國人的教會學校。

該校於 1842 年 11 月在今灣仔摩利臣山山頂建成。（Morrison Hill，今譯「摩利臣山」即因馬禮遜而得名）。馬禮遜英華學校只辦了 6 年於就關閉，原因是摩利臣山適合用來發展交通網絡，因此，很快被剷平。

2.「天后廟道」Tin Hau Temple Road

銅鑼灣「天后廟道」，顧名思義是取名於附近之天后廟。該廟建於清初乾隆以前，原名叫做「鹽船灣紅香爐廟」，主祀神靈是「天后娘娘」，後改稱為「天后廟」。

3.「蓮花街」Lily Street

從「天后廟道」轉入銅鑼灣道入大坑區，有一座蓮花宮，依山腳而建立。蓮花宮建於清朝年間，香火鼎盛，「蓮花街」就以蓮花宮而命名。

4.「摩囉廟街」Mosque Street

座落於摩囉廟街與些利街有一座回教廟，「摩囉廟街」因此而得名。此回教廟建於 1843 年，到 1905 年重建，位於中環半山，接連羅便臣道，另一邊接連些利街（Shelley Street），與些利街交叉角就是回教廟。

5.「城隍街」Shing Wong Street

城隍街靠近鴨巴甸街西面，「城隍街」由堅道直落至荷李活道。1842 年建有城隍廟，此街便是以廟宇命名。

6.「聖佛蘭士街 」St. Francis Street

聖佛蘭士街在灣仔星街轉落皇后大道東。開埠初期，澳門來港定居的葡萄牙人最早聚居在這裡。葡萄牙人都信奉天主教，該街道是葡萄牙人紀念傳教士 St. Francis Xavier（聖方濟・沙勿略）而命名。

人怕改壞名，街名也怕不吉利！

大吉利是的街道

唔怕生壞命，最怕改壞名！若果名字唔吉利，整個人總覺得周身唔聚財。為了讓居民住得心安理得，本港有多條街道被改名。筆者精選了幾條，讓大家回顧一下：

1. 墳墓街

中西區曾經有一條街道，名叫「墳墓街」。政府於1869 年將墳墓街撥給華人興建醫院，但將救急扶危的醫院興建在墳墓街當然不吉利，於是政府便將街道改名為「普仁街」，沿用至今。

2. 梨雲道

位於九龍城、聖德肋撒醫院旁邊有一條街道，原名叫「梨雲道」（Leven Road）。當時人們認為醫院旁的街道叫「梨雲」，與「離魂」的讀音相似，即是魂魄離開身體，實死無生。於是，改名為「露明道」（Lomond Road）。

3. 無花果街

大約 1920 至 30 年，港英政府打算以植物來為街道命名，其中一條街叫 Sycamore，Sycamore 是「無花果」的意思。中國人認為無花無果指女性不能生育，不祥的意思，於是將 Sycamore 音譯為「詩歌舞街」。

4. 老虎岩

樂富的前身為老虎岩徙置區，當時政府認為「老虎岩」這個名字太凶猛，於是改名為「樂富」。

趣味知識

現今香港交通設備完善，按照紅綠燈指示，人車有序，過馬路非常輕鬆。

交通燈在上世紀六十年代後才開始普及。以前行人若要過馬路，要依靠站在馬路中央交通亭上的交通警指示。這些交通亭一般設在較繁忙的大路交界，如皇后像廣場和金鐘道等。如果交通警正面望著司機舉手，掌心對住司機，等於「紅燈」，車要停下來，路人可過馬路；若正面望著司機，雙手垂低，則代表「黃燈」；打側身，雙手垂下，就是開「綠燈」，路人要停低，車輛可以前進。

港督及皇室命名的街道

325 likes

很多街名以港督及皇室為名

英軍 1841 年進駐香港時，香港仍是一個荒涼的小漁村，很多街名都未有命名。早期香港島的發展以中西區為主，是當時政治和經濟的中心，街道率先以港督命名。二次大戰之後，香港發展愈來愈快，有更多新街道成立，往後街道的命名已經放棄用政府官員名字了。

現在先回顧一下香港有哪些街道以港督命名吧！

1. 砵甸乍街（Pottinger Street）

砵甸乍 (Sir Henry Pottinger) 是香港第一任總督 (1843-1844)。在中英簽訂《南京條約》時，他是英方的全權代表。1843 年英國維多利亞女皇簽署《香港憲章》，宣佈香港成為英國殖民地，並委派砵甸乍爵士為香港第一任總督，同時亦兼任香港駐軍總司令。他正式就任港督後，組織香港政府，委任大小官員並組織行政、立法兩局和成立高等法院。1858 年，港府將一條用石皮砌成的街道取名為「砵甸乍街」，用以紀念香港第一任總督砵甸乍的公績。

2. 爹核士街 (Davis Street)

爹核士街是以戴維斯爵士 (Sir John Francis Davis) 名字命名，他是本港的第二任總督。早在 1833 至 1835 年間，他是駐華商務總監督。爹核士街在堅尼地城區，是堅尼地城區的主要街道之一。

在爹核士任內，香港進行了第一次的「人口普查」，當時全港人口為 23,988 人，此後「人口普查」亦成為香港政府的慣例。香港很多法例都是他在任期間訂立的，例如《警察條例》、《治安委員審議簡易訴訟條例》、《重訂高等法院條例》等。

3. 文咸街 (Bonham Strand) 和般含道 (Bonham Road)

文咸東街位於中區，街口在皇后大道中近威靈頓街口，向西伸展，接回皇后大道中。文咸西街是在文咸東街末段起，向西伸展，接德輔道西。般含道位於港島的西區半山，東接堅道，西接薄扶林道。

香港的般含道和文咸街都是以香港第三任總督般含 (Sir Samuel George Bonham) 命名 (1845-1854)，「般含」和「文咸」都是他的中文譯名。總督般含於 1848 年到香港履新，任內主要捍衛英商在華利益、興建港督府 (即現今禮賓府)。他上任後大量節省政府開支，以達到收支平衡，同時積極刺激房地產買賣，使庫房收入大增。由於文咸爵士待人隨和，處事沉穩，不單英國政府對他甚為賞識，他與香港各界人仕亦有良好關係。

話說，在 1851 年 12 月 28 日中區皇后大道中大火，燒毀了 470 座中國式樓宇，死傷 30 多人。當時皇后大道中的北面一帶是海灘，為了方便清理火場的瓦礫，文咸總督下令將瓦礫用作填平海灘。這就是文咸東街近皇后大道中一段向下傾斜的原因，也就是文咸街不叫 Bonham Street 而叫 Bonham Strand 的原因，Strand 是海灘而不是街道，說明了文咸東街和文咸西街是由海灘建築而成的。

據講，之後港府開發半山區。由於文咸街命名在前，後來開發半山區在後，為避免混淆，就將中文譯為同音相近的字，名為「般含」道。

4. 羅便臣道（Robinson Road）和彌敦道（Nathan Road）

彌敦道，原名叫羅便臣道？對！確實如此。

▲　「彌敦道」原名叫「羅便臣道」？

羅便臣道位於港島半山區，東面與花園道相接，向西延伸至巴炳頓道止，是以第五任港督夏喬士·羅便臣爵士 (Sir Hercules Robinson) 命名（1859-1865）。

1861 年 1 月 19 日，夏喬士．羅便臣到界限街正式接收九龍半島，並將界限街以南的一條馬路命名為「羅便臣道」。為區別兩條「羅便臣道」，若要寄信，在郵遞地址上均需註明「九龍羅便臣道」和「香港羅便臣道」！

當時的羅便臣道（今天的彌敦道）的範圍只是南至中間道，北至柯士甸道。1904 年，總督彌敦爵士大力發展九龍半島，為了讓九廣鐵路英段更積極發展，於是擴闊彌敦道為一條主要大道，並延長至窩打老道。

在 1909 年 3 月 19 日，為避免此路與香港島的同名街道混淆，香港政府決定把該道路更名為「彌敦道」，以紀念擴建該路的香港總督彌敦爵士。

5. 麥當奴道（MacDonnell Road）

麥當奴道位於中環半山，西起花園道，東接堅尼地道，以第六任港督麥當奴（Richard Graves Macdonnell 1866-1872）的名命名。他在任職其間一個最大的功績，是應華人的要求成立「東華醫院」，改善華人的醫療服務。

6. 堅尼地道（Kennedy Road）

堅尼地道的街名來自第七任總督堅尼地（Arthur Edward Kennedy)1872-1877。這條街位於中環半山至灣仔。由於當時只有一條皇后大道，不能應付需要，故此在半山開闢了這一條堅尼地道。

港督堅尼地上任時，面對走私活動而實施封鎖海港。他動工興建大潭水塘，在海港上建設鶴咀、青洲和歌連臣角三座燈塔。他任內積極開闢土地，填築了西區岸邊土地。這片沿海的新填地稱為「堅尼地城」。

7. 軒尼詩道（Hennessy Road）

軒尼詩道是以第八任總督軒尼詩爵士 (Sir John Pope Hennessy)1877-1882 命名的。軒尼詩道位於銅鑼灣與灣仔，東面接連怡和街，西面連接莊士敦道。軒尼詩於任內其間，頒布了《公司條例》、《中國移民條例》及《華人歸化英籍》法案等。他允許當時的華人在中區興建商店及建築物，對該地區的建設有重大貢獻。另一方面，他亦委任第一位華人非官守議員伍廷芳入立法局，並准許華人申請歸化入英籍，由此可見當時華人的地位慢慢提升。

8. 德輔道中（Des Voeux Road central）和德輔道西（Des Voeux Road West）

德輔道中和德輔道西是與第十任港督德輔 (George William Des Voeux 1887-1891) 有關。德輔道西以前原名叫「寶靈海旁西」，在 1854 至 1859 年間填海而成。那時叫「寶靈海旁西」，是以第四任港督寶靈 John Bowring 命名的，寶靈任內開始發展填海計劃有寶靈海旁中西兩部份。

當德輔上任時，他支援發展填海。當時大規模的填海計劃是在中區，即干諾道中和干諾道西一帶。當 1904 年工程完工時，為了紀念德輔的貢獻，便將「寶靈海旁中」改名為「德輔道中」，而「寶靈海旁西」就改名為「德輔道西」。

9. 干諾道西（Connaught Road West）和（干諾道中（Connaught Road Central）

干諾道西在香港西營盤，由摩利臣街口起至西區石塘咀的山道口止，是貫通中西區最直的一條街道。干諾道中在上環，是從美利道街口起到上環摩利臣街口止。

干諾道是紀念干諾王子 1890 年訪港而命名。他是維多利亞女王的第三個兒子。

10. 盧吉道（Lugard Road）

盧吉道是以香港第十四任總督盧吉 (Frederick Lugard 1907-1912) 而命名。這條道位於太平山頂，由纜車總站起，繞了一個半圈之後接上夏力道。盧吉道設計是只供行人使用，因路面頗為狹窄，中間有數段是懸空的棧道。沿途可以觀賞維多利亞港風景，故以往香港八景中之「仙橋霧鎖」和「飛橋夜瞰」，就是指這裡所看的景致。

盧吉在任期間，曾向英國政府建議將山東的租借地威海衛交還與中國，以作為中國將新界永久割讓與英國的交換條件，但最後卻不了了之。盧吉勳爵亦提出香港需要有一所大學的構想，終在 1912 年 3 月香港大學舉行開幕禮，由他以港督身份兼任香港大學校長。

11. 梅道（May Road）

梅道是以第十五任港督梅．含理 (Francis Henry May 1912-1918) 來命名。梅道位於近山頂的位置，並設有山頂纜車的分站，接舊山頂道和馬己仙峽道。

梅·含理未任港督之前是警務處長。他曾任香港政府的輔政司，十分熟悉香港事務。1912 年當他到香港履新時先由卜公碼頭上岸，然後轉乘八人大轎，突然一刺客對他槍擊，幸他未有受傷，這亦使他成為唯一一位被行刺的港督。他任內設立警察訓練學校，將總登記官改名為華民政務司。他擴建大潭水塘和建成多條通往港島南區的道路，形成了一個以中環為中心的公路系統。

12. 卑利道（Peel Street）

卑利道是紀念第十八任港督貝璐（William Peel 1930-1935)。這條馬路位於半山區，是一條南北走向的街道，由摩羅廟交加街 (Mosque Junction) 起，經一段樓梯而與皇后大道中相接。

13. 麥理浩徑（MacLehose Trail）

麥理浩徑位於新界大帽山，全長100 公里，以西貢北潭涌為起點，繞過萬宜水庫，由東向西橫貫新界，以屯門為終點，共分為 10 段，須要數日才全部走完。

▲「國家地理頻道」曾邀得二十位行山愛好者，嚴選全球最佳行山徑「夢想之路」，結果，「麥理浩徑」獲評為全球二十條最佳行山徑之一。

麥理浩徑以香港第二十五任港督命名的。麥

理浩爵士 (Sir Crawford Murray Maclehose 1971-1982)，是有史以來任期最長的港督。他在任內成立了「廉政公署」，致力提倡廉潔的風氣；而九年免費教育亦於當時開始。

14. 寶雲道（Bowen Road）

寶雲道是紀念第九任港督寶雲 (George Ferguson Bowen)1883-1885。他在任其間，鋪設了一輸水管，從大潭水塘經灣仔峽到半山濾水池。為使工程順利完成，所以開闢一條小路，從黃泥涌峽到中區半山，後來這小路擴展為一條馬路，並以寶雲來命名。他任職其間，任命第一位衛生督察，組成一個衛生委員會；又委任了第一位華人太平紳士。他又立例嚴禁華人攜帶及收藏武器。

15. 旭龢道（Kotewall Road）

旭龢道就是紀念曾任立法局議員的太平紳士羅旭龢。旭龢道的英文 Kotewall 是羅旭龢自己改的英文名，所以看不出是華人的名字，羅氏是開創香港音響業及唱片的先河。

16. 寶珊道（Po Shan Road）

位於西半山有寶珊道，是紀念傑出華人韋寶珊而命名的。此路位於半山，接連旭龢道與干德道，是早年華人聚居半山區的一條馬路。韋寶珊是香港第一位到英國留學的學生，後來擔任當時發鈔的有利銀行華人經理。

17. 麼地道（Mody Road）

麼地是波斯裔印度商人 H.N. Mody，麼地曾於 1912 年捐鉅款成立香港大學。當時他在香港已居住了 50 年了，真的是地道的老香港。

18. 利源東、西街（Li Yuen Street East, West）

1891 年中區首次填海拍賣，當時華人富商金利源投得了現時的利源東、西街土地，其後以他的名字命名。利源東街早年一度叫「報紙街」，因為當時很多洋紙行、印刷油墨行、報業及出版業等聚集在此。

19. 太子道（Prince Edward Road）

太子道位於九龍，西起大角咀，直伸至觀塘。馬路是紀念 1922 年訪港的愛德華皇子而命名。初建成時叫宜華徑 (Edward Avenue)，後改為「英皇子道」(Prince Edward Road)，戰後後再改中文名為「太子道」。

20. 公主道（Princess Ms Margaret Road）

公主道，全名應是「瑪嘉烈公主道」，她是英女皇伊利莎伯二世的妹妹，1966 年應邀訪港主持「英國週」開幕典禮，當時港府把何文田區內的「楠路」改名紀念她。後來公主道擴建成為主要道路。

21. 英皇道（King's Road）

早年銅鑼灣天后廟對出的一帶都是海旁與沼澤，東面山頭很多都是石礦場，人跡罕至，亦未有馬路接連東面的各個灣頭村莊，如七姊妹村、掃箕灣村（即筲箕灣）、公巖（即亞公巖）等一帶。

1880時到二十世紀初，英商太古洋行開發東區，興建船塢、糖廠及貨倉等等，才開山劈石發展沿岸道路網。到1904年香港電車公司成立，行車路線從堅尼地至筲箕灣。但早年的電車路，由銅鑼灣沿英皇道往筲箕灣那一段是單軌的，亦只有一架電車來往，如果錯過了一架車，乘客要等大半天才上到車。當時這條由銅鑼灣向東走的馬路尚未叫「英皇道」。「英皇道」大概是在1920-1935年代才陸續填海、開山劈石擴建成的。到1935年6月才正式命名，以紀念英皇佐治5世登基25年。

香港於二次大戰期間，曾淪陷於日軍手中。日軍將皇后大道中改叫「中明治通」，英皇道則改為「豐國通」。

22. 皇后大道（Queen's Road）

1842年2月，香港開始建築位於海旁市中心的第一條馬路，為紀念維多利亞女皇，叫Queen's Road，起點在水坑口街。

維多利亞女皇是「女皇」，應譯為女皇大道，但當時的翻譯員把Queen誤譯為「皇后」，所以取名「皇后大道」。港英政府曾於1890年澄清，但由於已沿用幾十年，所以亦無意更改中文譯名。其後皇后大道再向西區伸展，就分稱為「皇后大道中」及「皇后大道西」。最後再向東伸展到灣仔之一段，叫「皇后大道東」。

23. 域多利道（Victoria Road）

域多利道在堅尼地城西面，接連卑路乍街沿海向西伸展至華富道與薄扶林道。該公路是在維多利亞女皇時期約 1910 年代築建的郊外街道，初期叫「維多利亞慶典道」(Victoria Jubilee Road)，後來改為 Victoria Road，但不知何故，中文卻改譯成了「域多利道」。

24. 域多利皇后街（Queen Victoria Street）

域多利皇后街座落在中環街市旁。早年翻譯員把「Queen」譯為「皇后」，而不是「女皇」。港府有考慮過更正為「域多利女皇街」或「維多利亞女皇街」，但名字已沿用多年，故決定將錯就錯，不改了。

25. 伊利近街（Elgin Street）

伊利近街在 1861 年建成，是以伊利近伯爵 1861 年到港而命名的，當年他指揮英法聯軍攻入北京，以全權公使身份，簽署了「北京條約」和「天津條約」。九龍半島劃入英國統治之條約，就是他簽署的。

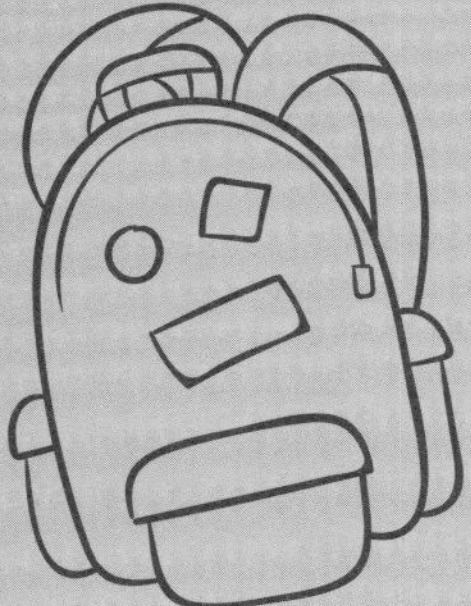

Part 04

一去不返的香港情懷

從逝去的香港情懷，我們見證了那些年的社會變遷，並從中感受老一輩的的心意、情趣。

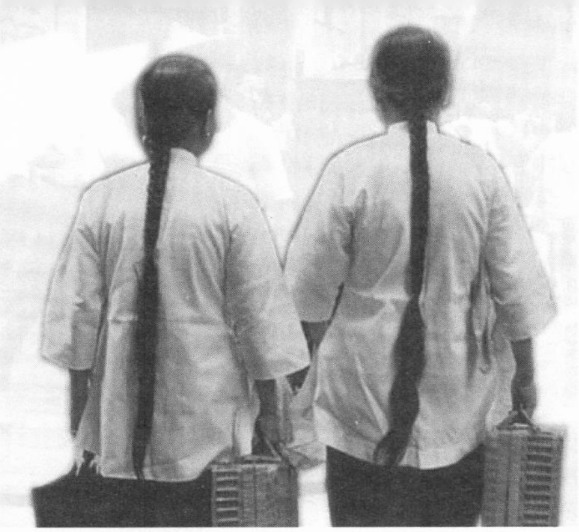

443 likes

穿白衫黑褲、紮長鞭是馬姐的典型標記

為何馬姐消失了？

香港在沒有外傭前，本地的富裕家庭都是聘請馬姐作家傭。究竟為何從前的家傭會稱為「馬姐」？她們又為何選擇一生都不結婚呢？

原來馬姐主要來自廣東順德一帶，原名為「媽姐」，在順德方言中有「自梳女」之意。從前的社會女性地位低微，婚後被丈夫和奶奶欺負，都敢怒不敢言，不能離婚，只能啞忍。隨著順德絲綢業的蓬勃發展，靠這行業自給自足的女工們開始保持單身、梳起不嫁。她們希望自力更生，享受自由自在的生活模式。馬姐，就是不用靠男人、不受社會的禮教所限、不甘於盲婚啞嫁的時代女性象徵。

可是，於 1930 年，絲綢業開始式微，女工收入大減，生活艱難，有些自梳女為了要養活家人及自給自足，便遠赴香港、澳門、馬來西亞和新加坡當家傭。

從前的香港流行妹仔買賣，因港英政府認為不人道，便禁止人口買賣。富戶無法買妹仔，便開始聘請馬姐作家傭。馬姐不用賣身，也毋須簽署合約，隨時可辭去工作，但她們沒有因此而頻繁換僱主，反而很忠誠，視僱主一家為家人，用盡大半生照顧他們，把小孩從小湊大，有著深厚的感情。

話說，永隆銀行前大股東伍氏家族從前的家有兩個馬姐，名為岑堯寬及岑碧泉，兩位岑氏姊妹 20 歲便來到伍家，一做便做了 60 多年。她們除了在照顧起居飲食方面不遺餘力，亦在八年抗戰期間與伍家一起走難露宿，同甘共苦。聞說她們在日軍強搶嬰兒時期，冒著生命危險用棉被包著少主，最後成功以命保命。後來馬姐年老後因癌病離世，被她們湊大的伍氏兄弟姊妹為紀念和答謝兩位馬姐，捐出了二千萬元支持浸會大學癌症研究中心，並以她們之名命名大樓，名為「岑堯寬岑碧泉紀念癌症炎症研究中心」。

去到上世紀 70 年代，馬姐陸續退休，部分馬姐籌資合建「姑婆屋」相聚，一起生活養老。隨著後來自梳習俗的式微，馬姐行業也日漸衰落。同時，本港引入大量菲律賓家傭，取代了馬姐的角色。

有些老村民的故鄉早已長埋水底

水底的故鄉

上一代長輩都曾經歷過排隊擔水及叫樓下關水喉的苦日子，香港現在有水塘及東江水供應，已不用再擔心制水。有很多人更視食水為理所當然，不懂珍惜，造成浪費。大家要認清一個事實：我們今天享有的成果，是上一代的犧牲換來的。

年青人也許不知道，上世紀 50 年代，香港人口急增，對水的需求越來越大。60 年代初食水不足及連年大旱，令本港鬧水荒。曾經有一段時間，每天只供水 3 小時，之後隔日供水，最嚴重時每 4 天才供水 4 小時。政府為了解決食水不足的問題，便投放大量資金興建水塘，分別興建萬宜水庫和船灣淡水湖。但興建水庫的地點正正是居住了逾千人的客家村落，政府一聲令下，村民不得不舉家遷出，把整條村落永埋水底。

萬宜水庫的水底故鄉

1969，政府展開工程，在萬宜灣建兩道水霸，將港灣封起來，建成現在香港最大的水塘——萬宜水庫。工程歷時 10 年，於 1978 年 11 月正式落成，容量高達 281,124,000 立方米，成功解決了本港制水問題，但卻為水庫附近的村民帶來了滅村的命運。

為甚麼？原因是工程的關係，萬宜水庫附近的爛泥灣、李屋、周屋、蒂屋、沙咀等村的客家原居民要遷徙至填海建造的萬宜新村，而十多個原始村落的一磚一瓦則全部沉埋水底。沒在水底的不僅是舊屋的器物，還有客家農耕歲月。

船灣淡水湖的水底故鄉

說起大遷徙，規模最大的要數船灣淡水湖了。船灣淡水湖於 1968 年落成。

在上世紀 60 年代，政府因造船灣淡水湖，六鄉的村民被逼遷離家園。當年船灣淡水湖畔被淹沒的 6 條村落，包括涌背、涌尾、横嶺頭、金竹排、大滘和小滘，統稱六鄉，全部位於大尾篤的東邊。這些村落歷史悠久，其中金竹排村的建村時間早在乾隆中葉 (大約 1761-1781 年)。

六鄉的村民約千多人被安置到大埔上樓，政府在廣福道的新填海區興建了十三座四層樓高的樓宇供村民居住及營商，並命名為「陸鄉里」。

今天的陸鄉里四週已被高樓大廈包圍，似是大埔市一條平常的舊街。唯一有跡可尋的就只是某座樓宇地舖的六鄉村公所和李氏宗祠。

對於當年經歷大遷徙的村民來說，每逢清明重陽，家家戶戶可以上山祭祖，或者到廟宇拜祭，但他們的故鄉卻永沉海底，雖事隔半世紀但他們仍難以釋懷。

趣味知識

香港每年的降雨量不穩定，早在1960年，香港政府已意識到單靠雨水，不足以應付急劇增長的食水需求。因此，自1965年起輸入東江水，以滿足本地用水需求。

根據記錄，2020/21年度，本港全年的用水量達10億5,500萬立方米。東江水是本港主要的供水來源，2020/21年度本港輸入了8.12億立方米東江水，佔全港用水來源達八成。

金鷹，曾經為香港人帶來不少歡樂！

全港最架勢的馬騮

很多人會飼養寵物，並視牠們如至親子女一樣，不過，有些動物不是你想養就養，例如馬騮。但香港曾經出現一個例外，就是人稱陳伯的陳日標，他在 2000 年 7 月 17 日「攞正牌」，成為香港唯一一名合法養猴的人。

這位人兄咁架勢堂，竟然成為香港唯一一名合法養猴的人。他的馬騮伴侶名叫「金鷹」，相信有不少香港人都有印象。

據說，陳伯早在上世紀二次大戰結束後，已帶猴子到街頭售賣自製疳積散，而金鷹是他飼養的第三頭猴。陳伯及金鷹賣藥的身影，吸引不少市民駐足圍觀，金鷹乖巧靈活更深受歡迎，兩人更成為九龍城街坊心中的最佳拍檔。但漁護署在 2000 年就曾以《野生動物保護條例》禁止管有受保護野生動物為由，把金鷹帶走。最後，法庭以人道理由行使酌情權，破例將「金鷹」發還陳伯，更史無前例發出香港歷史上首個合法飼養馬騮的牌照，讓「金鷹」與陳伯終可重逢，而「金鷹」亦陪伴陳伯走完人生最後一段路。

2004 年陳伯離世後，「金鷹」轉由陳伯二子陳耀榮飼養。但金鷹難以接受陳伯離世的事實，經常自己躲在陳伯生前最常攜帶的藥箱背後不肯見人，遲遲不願接受新主人。陳耀榮最終花了幾年時間才與金鷹建立關係，帶著牠和老父的藥箱重出江湖。不過，在 2007 年，一名男嬰食用疳積散後不適，其後疳積散被驗出含水銀，衞生署控告陳耀榮管有未經註冊藥劑製品作銷售。雖然最終沒有把陳耀榮入罪，但疳積散也自此絕迹市面，金鷹亦處於「半退休」狀態，鮮有再露面。

其後金鷹身體越來越差，獸醫在 2015 年為金鷹進行安樂死。「金鷹」死後，陳耀榮的飼猴許可證亦同步註銷，合法養猴正式寫入香港歷史。

月餅會 開分期先河

467 likes

很多人分期付款供樓，但分期付款供月餅，大家有沒有聽過？

在物質富裕的今天，月餅口味多不勝數，有冰皮月餅和雪糕月餅等，甚至有人以健康為由，少吃月餅為上。但在幾十年前的香港，人們很重視中秋節，家家戶戶會向親朋好友長輩送贈月餅，惟上世紀 50 年代香港人收入不高，普遍工人每月只有數十港元工資，月餅就要數元一盒，是月薪的十分一。加上送禮自用的月餅數量隨時多達十盒，一時間要拿等同月薪的金額來買月餅，的確是一份沉重的負擔。於是有商家在 50 年代發明了「分期付款」的做法，即預繳式消費，只要加入成為「月餅會」會員，可以分期付款訂購月餅。

由農曆 9 月起，顧客每個月去餅家或酒樓交一次錢，供足十二個月，直至臨近中秋節「供款期滿」，便可以一次過拿到近 10 盒不同款式的月餅送予親友及自用。這做法可謂一家便宜兩家著。對消費者而言，唔使即時「大拿拿」花一筆錢，而且更享有購買折扣，還有贈品；對商家而言，每月可預先收錢，方便資金周轉。

大家試想一下，當時全份月餅會月供 5 港元，供 12 個月，就可得 5 款月餅，每款 2 盒（供款額共 60 元）。如果以非會員份單買一盒月餅，就要大約 8 元，買 10 盒就要 80 元。可見加入「月餅會」，不用一筆過咁肉赤，又可以享有折扣優惠。如果客人供唔起 10 盒，亦可以選擇供「半份」月餅會（5 盒）方案，可見「月餅會」運作形式靈活。

說一說月餅會的月餅，口味多元化，包括了雙黃、單黃、五仁、豆沙及豆蓉 5 種口味，自用時可大飽口福，送禮時亦夠體面。加上，為了吸客，不同餅家又推出各式月餅會的贈品，例如有豬籠入水之意的「豬籠餅」、日曆、臘腸和膶腸、蛋卷和茶葉等。

不過，隨著港人開始重視健康，對高糖、豬油、蛋黃做的傳統月餅漸起戒心；尤其是在 90 年代出現過「超群餅店」倒閉事件，顧客積存的餅卡頓成廢紙，令消費者對「預繳式消費」感到不安。加上人們生活越來越富裕，送禮已不限於月餅，還有其他體面的選擇，結果令「月餅會」風光不再。

目前只剩下一、兩間老牌餅家有提供「月餅會」，目的純粹是滿足一些老人家顧客的需要而已。

法例規定外出要帶備中草藥？

中草藥曾是法定物品

開始作病時，你會怎樣辦？很多人屋企都有退燒或燒炎的西藥「看門口」。但在 19 至 20 世紀，香港人就依靠喝涼茶來防病強身。

當時人們普遍對西醫缺乏了解和信心，外國人會去醫院接受診治，而華人就習慣以涼茶防治各種常見小病。當時有不少華人從事戶外苦力工作，因常常日曬雨淋，時常有感冒病徵，每當感到頭暈身熱便會喝涼茶，涼茶就是當時華人的「看門藥」。

如果華人要到海外打工，更會自備涼茶，以便身在異地也能隨時防治疾病。原來，根據 1869 年的政府憲報，曾規定接載華工的船隻必須載有相應人客比例的中草藥，以便製成廿四味等涼茶供船上不適的華工飲用，否則便是違法，可見涼茶於昔日擔當著重要一角呢！

469 likes

珍寶海鮮舫石沉大海

珍寶海鮮舫 火中生水中亡

有近半百世紀歷史的「珍寶海鮮舫」受疫情影響而停業超過兩年，加上海事牌照到期、又未能物色到新經營者，結果最終要撤離香港。離港前大批市民前來送行，但萬萬料不到，「珍寶海鮮舫」在駛至南海西沙群島附近水域時，因遇上風浪而入水翻沉，「道別」變成「永別」；它的「逝世」，令香港仔避風塘少了一道亮麗的風景線，令人不勝唏噓！筆者現在為大家搜集珍寶海鮮舫的威水片段，與大家一齊緬懷昔日海上的輝煌璀璨。

1. 享有「世界上最大海上食府」美譽

1950 年代全盛時期，香港避風塘一度有十多艘「歌堂躉」在營業。所謂「歌堂躉」，指的是由水上人開設、主要提供唱歌吃喝的船隻！據說上世紀二、三十年代，由於香港仔沒有酒樓，所以漁民嫁娶時都會在「歌堂躉」擺酒，後來受到商賈的歡迎，加上很多人愛吃海鮮，結果令這門生意得以發揚光大！60 年代末，商人王老吉想集資建造規模更大的海鮮舫，經過多年不斷整修與擴建後，最終可同時容納二千多名賓客上船，有「世界上最大的海上食府」之稱！

2. 一波三折，未開業已遭焚毀！

話說，珍寶海鮮舫最初建於 1950 年，其後經過多次易手，至 1970 年被商人王老吉收購，然後再集資籌建一艘規模更大的海鮮舫！不幸，珍寶海鮮舫開業前六天，因工人燒焊時產生的火花燃著裝修物料而發生大火，船身遭嚴重焚毀！珍寶海鮮舫未開業就已遭逢不幸，王老吉集團已無力重新投資，後來由富商何鴻燊和鄭裕彤接手，集資 3 千萬重新建造，珍寶海鮮舫才得以開業。之後再將「太白海鮮舫」及「海角皇宮」收購，結束競爭局面，珍寶海鮮舫亦令成香港仔最大地標，

3. 海鮮舫的靈異傳說

1971 年發生的大火，不但令珍寶海鮮舫整艘船嚴重焚毀，更波及附近漁船，造成四十多人傷亡，自此怪事連連！傳聞，海鮮舫的船底安放了當年火災遇難者的靈位，此外，有探靈隊到訪此地，聲稱見過有靈位的存在！有食客又言之鑿鑿，表示曾在海鮮舫撞鬼！

4. 著名男團登船拍攝賀年歌

在珍寶海鮮舫停業期間，人氣男團 MIRROR 曾登船取景，拍攝賀年歌 MV ！歌手們不但穿上唐裝向大家拜年，更大唱賀年歌。影片中，觀眾除了可以欣賞至愛偶像的表演，

更可一睹珍寶海鮮舫仿照中國宮廷的裝潢設計呢！

5.《食神》等著名電影取景地

珍寶海鮮舫以中國宮廷設計而聞名，歷年來招待了無數遊客與香港市民，亦是許多電視電影取景地點，包括《龍爭虎鬥》、《無間道2》和占士邦電影《鐵金剛大戰金槍客》等；當中最廣為人知的，一定是周星馳主演的《食神》，飾演超級食神大賽評審的薛家燕坐在龍椅上吃「黯然銷魂飯」的一幕，更成為經典！聽說，這碗「黯然銷魂飯」正是珍寶海鮮舫的招牌菜之一呢！

6. 曾接待英女皇伊利沙伯二世！

珍寶海鮮舫除了受電影導演的歡迎外，不少中外名人也愛到此一遊。據說海鮮舫曾接待過很多國家政要和商界名人，其中包括英女皇伊利沙白二世、國際巨星湯告魯斯和尤伯連納；本港巨星周潤發和鞏俐等也是座上客。

半世紀前「珍寶」火中劫後重生，詎料突然永別，猝然魂歸大海！連同港人的集體回憶沉於海底。

烏蠅頭列車告別香江

烏蠅頭列車已被歷史淘汰

九廣鐵路由柴油車全面轉為電氣化火車後，第一代的12卡列車1982年正式投入服務。當時車身採用黃色設計，因此被鐵路迷稱之為「黃頭」。1996年起列車陸續獲翻新，車頭改為銀灰色，有三塊擋風玻璃，自此被鐵路迷稱為「烏蠅頭」。

2022年5月6日「烏蠅頭」12卡列車正式「榮休」，接棒的9卡列車在5月15日起，帶領乘客過海，每日穿梭於新界東北、九龍，直達港島金鐘。

「烏蠅頭」藍綠色車廂設計、紅色的扶手、有方形防滑壓紋的不銹鋼座椅、兩排並列的座位，還有單人座位，以及卡與卡之間的狹窄通道，這些特色已成歷史。

為何「烏蠅頭」不能續任，繼續為過海段服務呢？因港島新路段空間有限，只能容納九卡長度的列車，港鐵唯有把十二卡列車換成九卡列車，英國製亦變成韓國製。

「烏蠅頭」退役後，雖然不再接載乘客遊歷，但部分組件將送予長者中心、學校等，經改裝後作休憩和教學用途，更有部分安裝在長者家中，成為防滑設備，或健身運動的器材。

趣味知識

透過鐵路的車站名稱，帶出香港的有趣歷史：

1. 荃灣綫：荃灣多海盜？

荃灣古時又稱為「淺灣」，據稱是因為該處的海灣較淺水，「淺灣」這個名字亦曾在明、清朝的地圖出現。

有説法指，古時很多商船在「淺灣」擱淺，加上荃灣近藍巴勒海峽一帶，經常有海盜出沒，所以有一句俗語流傳「發達去金山，要死來荃灣」。

2. 鑽石山有鑽石？

鑽石山原來沒有鑽石礦，換言之這個地區並沒有出產鑽石。至於「鑽石山」名字由來的説法很多，較多人認同的説法是鑽石山區內以前有一個石礦場，而該石礦場出產的石塊內含礦物，閃亮如鑽石一樣。

3. 炮台山是有炮台？

昔日在山上有炮台，用作守護東面鯉魚門。

4. 金鐘有個鐘？

金鐘原本是英國海軍船塢（Admiralty）所在地，由於船塢內有一個金色銅鐘，「金鐘」因而得名。

5. 西營盤是盤地還是軍營？

西營盤位於上環以西、西環以東一帶的地方。「營盤」是指以前供武裝部隊駐紮的營寨。西營盤一名的由來，以往多認為是與海盜張保仔有關，但較可信的是英國佔領香港之後，在這裏駐有軍隊。

由於這個軍營只作臨時用途，故此設備十分簡陋，只有一些小屋及幾門大炮。由於衛生環境惡劣，1842 年發生嚴重的疫症，400 多名印籍士兵病死。英軍在 1843 年撤走，而兵房的設施也消失了。

6. 大埔人人行路好大步？

原來大埔古時稱為「大步」，因為以前大埔是一個森林，甚少人路經，因此很多人都會大步、大步行過。

大埔本身是一個墟市。以前太和市「墟期」為「三六九」，即每月的初三、初六、初九、十三、十六，村民會出售農產品，而大賣場就由「七約鄉公所管理」，鄉公所作為批發議價的公秤手。不過墟市現時已經式微。

7. 大圍好多人居住，所以叫大圍？

大圍其實是一條已有 400 多年歷史的村莊，是沙田歷史最悠久及規模最大的圍村，因此改名為大圍站。

大圍村的居民原本涵蓋 19 個姓氏，歷史的演變到現在，只有 14 姓原住民聚居，當中以韋姓為最大族並設有祠堂，而大圍村現今仍住了大約 300 户原住民家庭，共約 1100 多名村民。

▲ 2022 年 10 月，大埔民政事務處將林村河邊一個避雨亭改建為「烏蠅頭」車廂，避雨亭設有一對車門及 4 張「烏蠅頭」的不鏽鋼座椅，可供 9 人安坐，當中車門被裝嵌於背面、仿製的列車車廂牆壁之中，車門上方貼了寫有「下一站：林村河」的牌子，而兩邊「車窗」則貼上東昌街社區會堂及香港鐵路博物館的圖片。

唐樓茶室已成絕響

469 likes

唐樓茶室買少見少

美都餐室在 50 年代開業，位於油麻地廟街 63 號的唐樓轉角位，地舖與一樓打通，二樓雅座更可以瀏覽廟街及榕樹頭的街景，以裝修陳設懷舊見稱。

美都餐室維持著 50 年代老香港冰室裝修，上下兩層各有特色，入口處的「美都飡室」美術字招牌、紙皮石地板及柱位，傳統入榫木製家具；一樓一列藍綠色鐵窗，也算是一道歷史風景，過去不少港產電影、電視劇也在此取景，包括《九龍冰室》、《廟街．媽．兄弟》、《追龍》等，名人客眾。食物方面，以焗排骨飯、蓮子鴛鴦冰、錦鹵雲吞等，也保留舊時風味，坊間少見。

469 likes

龍華能否敵過時代考驗，繼續延續下去？

園林式酒樓 風光不再？

沙田龍華酒店有 80 多年歷史，素以燒乳鴿、雞粥、豆腐花聞名。其園林式設計是不少港人的集體回憶，當年很多名人曾到該處取景拍攝，武俠小說名家金庸就曾在二樓租房寫下《書劍恩仇錄》，武打巨星李小龍曾在龍華拍攝《唐山大兄》。不過，疫情下生意大受影響，多年前又遭受大火重創，龍華的前景黯然！

據知，龍華在全盛時期單是廚房員工已有五十多人，為了讓員工安心工作，老闆曾將三層高的花園別墅用作員工宿舍。後來，老闆將花園別墅翻新成為特色的私房菜館，大廳則用作展示各種文化創作的「迷你博物館」。而為了紀念李小龍在龍華的足跡，老闆曾經在大廳舉辦李小龍創作畫展，每間小房活化成為駐場藝術家的小型展覽館、收藏館等。

在老闆的苦心經營下，龍華不是一般酒店食肆咁簡單，而是一座文化創意園，但願她能敵過時代考驗，繼續延續下去。

徙置區的鄰里情

469 likes

徙置大廈美荷樓活化後成為青年旅舍

唐太宗的貞觀之治下，晚上家家戶戶都夜不閉戶，因為人民生活豐足，無人要為錢財而打家劫舍。香港在上世紀的六七十年代，住在七層徙置大廈的居民同樣夜不閉戶，他們不是富有，情況恰恰相反，居民生活清貧，家裡根本沒有貴重的財物可以偷，夜晚打開門睡覺也不怕小偷呢！

年青一代可能未聽過「七層徙置大廈」，大家可前往被政府活化成青年旅舍的「美荷樓」逛一逛，那裡的「美荷樓生活館」就展示了昔日徙置大廈的面貌和居民的日常生活。

徙置區解決住屋需要

話說，在五十年代的香港有不少木屋區，在 1953 年發生了一場大火，大量木屋焚毀，災民無家可歸。政府為安置大量災民，在石硤尾一帶大量興建房屋，即七層高的 H 型徙置大廈，每個單位僅 120 平方呎，供一家多口居住，由於單位面積所限，居民都在單位門外煮食，而大小二便及沖涼就要走到公共廁所及浴室。當時的七層高大廈更設有天台學校，解決租戶子女的上學問題。

後來，政府發現七層高的 H 型徙置大廈可解決人口膨脹的住屋需要，於是，在九龍和港島大量興建同樣類型的徙置區，例如荃灣的大窩口邨、觀塘的雞寮邨、柴灣的柴灣邨、黃大仙下邨和紅磡大環山邨等，都屬於同一類型的 H 形七層徙置區。

生活窮，但人情濃！

以前的生活好艱難，很多人住在徙置區，徙置大廈的廁所和廚房都是共用的，大部分單位的面積只有一百多呎，試想想，一家幾口擠在那狹小的房子，說不定晚上要躺在飯桌睡覺呢！今時今日的居住環境，的確比以前好好多，不過，社會風氣和鄰里關係都改變了。

早期徙置大廈單位面積細，要與鄰居共用廚廁，住戶索性打開大門，一邊煮食一邊與鄰居閒聊，有需要時又會叫隔籬屋幫手湊仔。閒時也會坐在走廊聊天乘涼，久而久之建立良好的鄰里關係。仔女去公共浴室沖涼時，主婦會守住門口，互相照應，確保子女安全。

現在，隨着新型公屋有更充裕空間，加上經濟環境改善，家家戶戶都擁有自己的私人空間，不用再共享廚廁，單位地方闊落了，有自己的冷氣機及電視，反令鄰里情漸見淡薄。

曾經住過徙置區的居民憶述，徙置大廈雖然簡陋，但五臟俱存，連學校都建在裡面呢，那就是「天台學校」。不過，學生要從一樓爬上天台返學，足足要爬七層，認真攞命！

居民憶述，當時一家五口住在一百二十呎的小房子，放了一張碌架床，一張飯桌之後就再沒有活動地方了，阿嫲和兩個孫兒就睡在碌架床上，下隔用來放雜物，父母要睡覺就要摺起飯桌打地鋪。

雖說建設徙置區是為了安置在石峽尾木屋大火的災民，不過簡陋的徙置大廈十分容易起火，與在木屋住根本沒有分別。而且夏天很熱，居民都到走廊睡覺。

趣味知識

天台學校曾是香港上世紀50至70年代的特色。點解當時咁多天台學校？因上世紀六、七十年代，內地移民不斷遷入，適齡學童數量龐大，津貼學校所提供的學位無法滿足要求，慈善團體及教會等組織便向政府申請利用徙置大廈的天台開辦學校。高峰時期全港共有192間天台學校。

在天台咁高的地方讀書，不怕孩子墮樓嗎？天台學校有鐵絲網重重圍著，非常安全！天台學校設施雖然簡陋，但卻填補當年香港的教育需要。每月學費5元，校方會送書簿、校服、書包，加上志願機構提供的資助膳食，每月1元，學生就可以在學校享用早午兩餐。

但隨著徙置區清拆，天台學校已成歷史。

九龍城寨的黑暗歷史

469 likes

為紀念九龍城寨而建的公園

多年前，香港藝術家曾經將已清拆的九龍城寨，以模型的模式呈現出來，吸引眾多香港市民入場參觀……雖然九龍城寨已經清拆很多年，不過昔日許多英國和日本的攝影師特別為它拍了很多照片，大家現在仍然可以在互聯網上，找尋及見到這些珍貴相片。

多年前就有香港漫畫家創作了《九龍城寨》這個故事，而且還獲得了國際漫畫獎，這個有名的建築物終於用另一種方式呈現大家眼前！

點解無人管理？

九龍城寨早在宋朝已經出現了，這是一個「三不管」，即中國不管、英國不管、香港不管的地帶，為甚麼呢？這是因為當清朝的時候，九龍城寨這個地區被劃作清政府管治區，英國政府不得插手。不過你們想想，清政府山高皇帝遠，也不會在意這個彈丸之地，所以基本上沒有管理過，縱然之後中華人民共和國成立，也基於相同的理由，從來沒有派人去管治。無人管治，加上入住的人口急劇增加，九龍城寨最終成為了黃、賭、毒的溫床，據說香港有近九成的海洛英都是這裡生產的。

你想像不到的「地下秩序」

當時九龍城寨真是的無法無天！在那裡蓋樓房，無須得到政府的同意，樓宇都不打地基，甚至連圖紙都不需要，只憑經驗去建造，喜歡怎麽建就怎麼建。樓房建得非常密，是名副其實的「握手樓」，那裡有最聞名的色情場所、賭檔、鴉片煙館和海洛英館，還有吃狗肉的餐廳，有很多來自中國內地的無牌醫生及牙醫都在那裡開設診所。雖然政府不管治，不過裡面有自組的居民委員會，職能之大，甚麼事都管。另外，還有黑社會管理，亂中帶序，自有其一套秩序。城寨入黑之後是妓女、道友和賭場的世界，其實在九龍城寨生活的人都是社會的低下階層，那個地方為他們提供了工作、廉價的房屋和醫療，以及便宜的食物。還有九龍城寨的氣味，整個九龍城寨只有數條水喉，由黑社會和地下商人掌控，居民只有付錢才可以買水，所以衛生環境都很差，加上裡面還有魚蛋工場，夏天的時候死魚的腐臭味會燻得人頭暈眼花。

不過這也見證了香港人頑強的生命力和堅忍的鬥志，就算是那樣惡劣的環境，人們還是會用自己的方式生存下去。

九龍城寨已在 1993 年清拆，建成了九龍寨城公園，以後我們只能在相片和漫畫中看到城寨的舊貌了！

趣味知識

在上世紀 70、80 年代起，啟德機場被評為全球最危險的機場，連續多年被當時的國際民航機機師評為「黑星」機場，代表降落難度極高。1987 年英國民航局的研究指出，啟德機場位處鬧市及三面環山，除了區內大廈高度令飛行超越了安全標準，機場跑道與海的距離亦低於國際安全標準。

對機上的乘客來說，飛機降落時，擠迫街道、多層樓房及行人已一一清楚可見；有時更可以清楚看見民居內的電視畫面、或天台上晾曬衣物的顏色。對居住在飛機航道之下的九龍城居民來說，曾經流行過一句誇張的說話：只要在大廈高層拿著晾衫竹便可以把飛機捅下來。

極繁忙又貼近民居降落的震撼場面，令啟德成為國際佳話；但另一方面，大量的嘈音、塞車等的投訴亦愈見增加，迫使政府於 1989 年啟動計劃，選址大嶼山興建新的機場。

▲ 自從機場搬到赤鱲角，飛機低飛掠過九龍城的畫面，成為歷史。

旺角表演不夜天

469 likes

「旺角行人專用區」曾是表演者的天堂

表演者的天堂

旺角西洋菜南街行人專用區早於 2000 年設立，原意是促進行人流通，鼓勵市民多步行。當年行人專用區造就西洋菜南街成為賣藝人的旺點，以前每日都吸引不少市民駐足欣賞，技擊武藝、唱歌、影相、繪畫、手工等乜都有，人們每次行過旺角行人專用區，都可欣賞到不同的節目，有時有雜技式控球表演，有時有皮革工作者即場製作簡單皮具，有時有坐輪椅的傷殘人士在唱教會歌，有時有畫家即席替在場人士畫人像，有時又有攤檔售賣 DIY 手工藝品，有時又有攝影師為路過的市民拍寶麗萊。

筆者曾「落區」駐足旁觀，見過有一位少女打扮成童話故事的白雪公主，站在櫈上不動，活像一個櫥窗裡的 Model 公仔，她側邊擺放着一個錢箱，只要你投入錢幣，她馬上手舞足蹈地為你清唱一曲，歌唱完畢後，就會被人點穴一樣定格，動也不動，很搞笑！她真的眼都唔眨，直到有人投入錢幣時她才郁動，聽說這是行為藝術。

不過，最多就是有街頭藝人唱 7、8、90 年代的老歌。觀眾中有街坊，有旅客，非常擁擠。曾有不少人在旺角行人專用區唱歌向女朋友求婚，被人拍片上網，好浪漫呢！

街頭表演對商店和居民構成滋擾

不少人有過流連旺角的青澀歲月，見證行人專用區由每週七天，到 2014 年縮減至星期六、日及公眾假期，再到 2018 年正式「殺街」。

有人問：為甚麼要毀滅這個寶貴的公共空間呢？

旺角行人專用區開放時間，從一星期七日，縮減至星期六、點解開放時間要縮減至星期六、日呢？熱鬧一點不好麼？

事緣是部分表演如勁歌熱舞，會發出較大聲浪，對樓上民居構成滋擾，所以要「殺街」。想像一下，假設你住在旺角行人專用區的樓上單位，樓下晚晚勁歌熱舞，聲浪此起彼落，耳根無法清靜，晚上安睡都變得很奢侈。曾有街坊表示，街上的聲浪搞到她要晚晚關窗開冷氣，電費都多了。

不過，「殺街」後令街頭表演者失去舞台，令他們四散開去，只會令噪音和阻街問題帶到其他地方。除了「殺街」，是否別無他法？其實，香港人是需要街頭表演的空間，有關部門能否平衡各方需要，讓表演者繼續擁有發揮的空間，同時又照顧到居民的生活需要？

▲星期日晚上 7 點左右，旺角地鐵站口已擠滿來欣賞街頭賣藝者表演的市民。

▲有人擺檔為市民即席繪畫人像畫

▲外籍人士展示玻璃塗鴉的手藝

▲有新郎新娘專程在旺角行人專用區拍照留念

▲有僧人替你預測運程

▲不少攝影師擺檔，為路過的市民拍寶麗萊。

▲表演者一門技藝、一支樂器，令旺角西洋菜南街行人專用區成為街頭表演的「藝墟」。

▲每晚走過旺角西洋菜街行人專用區，除了有人勁歌熱舞，還有人玩雜技，娛人自娛。這位伯伯用腳踢起鋁碗，剛好落在頭上，三兩下功夫，超過 20 個鋁碗整齊穩妥地疊在頭上。

▲腳踏滾動式搖搖板，頭頂花樽，雙手同時轉動彩布，似乎難不到他。遊客故意突然大聲叫囂，但伯伯馬步穩妥，沒有因被嚇倒而失手！

▲伯伯要向難度挑戰，同樣腳踏滾動式搖搖板，但今次腰手合一，一齊玩呼拉圈。

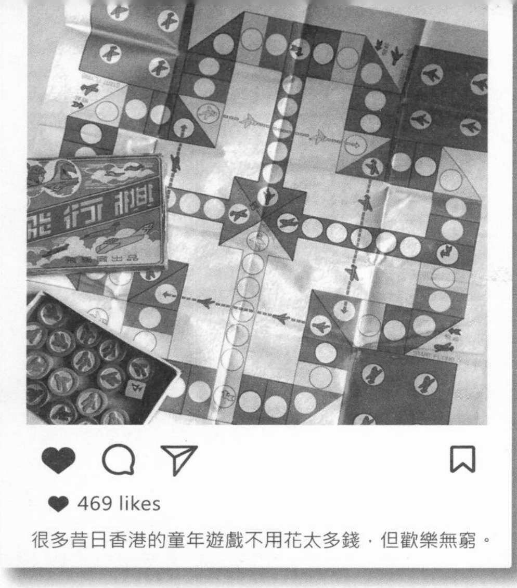

很多昔日香港的童年遊戲不用花太多錢，但歡樂無窮。

被遺忘的童年遊戲

上世紀六、七十年代，電腦尚未出現，當時的孩子沒有「電子奶嘴」，他們最大的樂趣便是與左鄰右里的同伴一起玩樂，笑著、鬧著這樣便一個下午。屋邨生活雖然單調，但孩子卻在苦悶的生活中發揮無限創意。一條小小的麻繩，玩出很多花式。用紙張摺馬子也可以玩一餐，在紙上畫公仔，玩過三關、畫鬼腳等，回味無窮。時至今天，很多好玩的遊戲逐漸被遺忘，現在與大家回到過去，一同與陽光玩遊戲：

（一）畫銀仔

畫銀仔，你有沒有玩過？就是放一個銀幣在紙下，用鉛筆打斜在紙上掃畫，就畫出一個銀幣的圖案了。簡簡單單，但已經可以玩半天了。

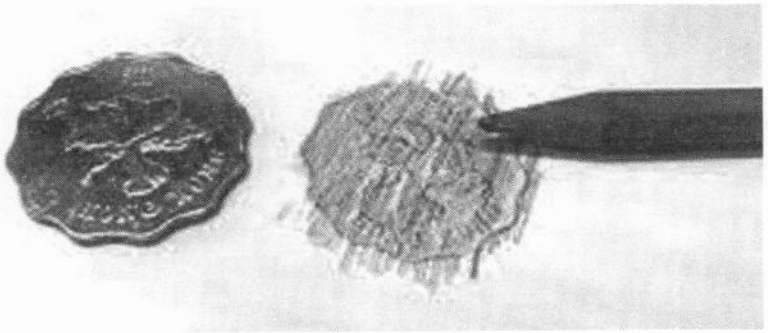

（二）跳飛機

以前香港幾乎所有兒童遊樂場和小學操場的地上，都會有跳飛機這個遊戲圖案。即使沒有，他們會用粉筆或樹枝，在地上畫「跳飛機」的九個格，然後一齊玩。步驟如下：

1. 玩者們排好隊。

2. 玩者可以選擇挑戰第幾格，選好哪一格，就要把手中物件準確擲中該格，才能開始遊戲。假設他要挑戰第「1」格，就要把手中的物件如筆、手錶等擲向第「1」格，擲不中就當輸。成功擲中後，他要避開第「1」格，再按順序跳：單腳跳入第「2」格 → 單腳跳入第「3」格 → 左腳跳入第 5 格和同時用右腳跳入第 4 格 → 單腳跳入第「6」格 → 左腳跳入第 8 格和同時用右腳跳入第 7 格 → 單腳跳入第「9」格。然後，轉身按剛才的方式逐格跳回起點，注意要跨過第「1」格，若不小心踏中第「1」格，就當輸。

3. 若你自認眼界高，百發百中，可以挑戰最遠的第「9」格，只要把物件成功擲中這一格，你就可以開始跳飛機了！注意你要避開第「9」格，一旦不小心跳入，你就輸了！

（三）123 紅綠燈

首先要揾一個人擔任「鬼」貼牆企，而其餘的人就企在「鬼」對面。當「鬼」背住玩家們講「123 紅綠燈過馬路要小心」，其他人就可以趁機走向「鬼」的方向，誰最快掂到「鬼」的牆壁就算贏。期間，當「鬼」轉身時，玩家們必須停止手上所有動作，一旦被發現就代表輸，並需要由佢擔任「鬼」。

（四）耍盲雞

耍盲雞是一種集體遊戲，越多人玩越刺激。其中一個負責捉人，他要用布或者眼罩矇眼，再數 1 至 50。其他人要趁這個時間匿藏起來。負責捉人的玩家數至 50 後，就要四出抓人，假如有人俾捉到，就輪到他捉人。

（五）跳大繩

兩人各執大繩的一端，各踞一方，再一起有節奏地揮動橡筋繩。玩家們要跟著節奏跨過大繩，橡筋繩的高度會慢慢調升，難度亦越來越高。誰跨不過就出局，餘下的人繼續玩。

（六）猜皇帝

猜皇帝很受歡迎的遊戲，首先，參予者中選出一人為皇帝。大家共識好挑戰者需勝出的局數，例如三盤兩勝。其他人排隊，輪流挑戰皇帝，猜包剪揼。贏了皇帝的成為新皇帝，與其他人對戰。輸掉的到隊尾重新排隊。

（七）何濟公

一個做兵，負責追逐眾賊，假設你是賊，當兵快要捉到你時，你要趕快把雙臂交叉胸前，大叫「何濟公」，就可以免被捉，但必須立正不動，企硬！然後，其他賊仔可以衝過來，冒住被捉之險，點一點你，解開你穴度，你又可以翻生，再次投入這追逐遊戲。

（八）東南西北

首先準備一張正方形紙，按以下步驟摺：

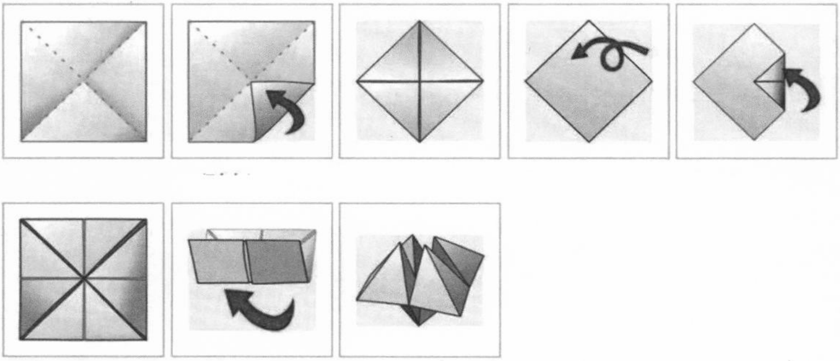

在外面分別寫上「東南西北」四個方位，再在內側寫上惡毒字句，或是古怪指令，例如撩鼻孔、扮鬼臉、掌上壓10下等。一切準備就緒，玩家說出心水方位，再說出先由上下或左右打開；然後說出數字，代表打開次數，例如「東→先向上下方向打開，打開3次」。打開後，玩家要按東面開出來的字句，執行指令。

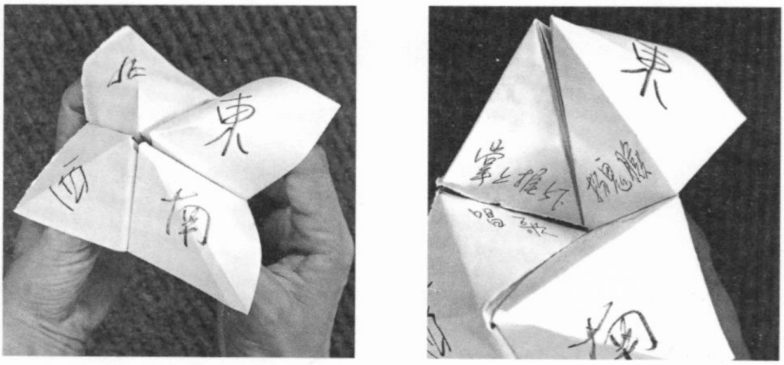

▲拿著「東南西北」玩具的朋友按玩家指示開合後，東面寫著「扮鬼臉」；玩家就要按指示扮鬼臉。